Renate Wagner-Wittula
Christoph Wagner

Die Küche der österreichischen Regionen

W0173263

Renate Wagner-Wittula | Christoph Wagner

Die Küche der österreichischen Regionen

Inhalt

Vorspeise und Jause

Suppen

Beilagen und Zwischengerichte

Süßwasserfische

Geflügel, Wildgeflügel und Kleintiere

Innereiengerichte

Fleisch- und Wildgerichte

Warme Mehlspeisen

Kalte Desserts

Das Beste aus
österreichischen „Kuchlkastln"

Vor mehr als dreißig Jahren haben die beiden Autoren dieses Kochbuchs nicht nur begonnen, füreinander mit großem Vergnügen zu kochen, sondern auch, typisch österreichische Rezepte zu sammeln. Ein Grundstock war – in Form zweier noch in Kurrentschrift geschriebener Kochbücher – vorhanden. Wir fanden sie in den Schubladen der damals auch noch „Kuchlkastln" genannten Kredenzen unserer Mütter, von wo wir auch jeweils eine Uralt-Ausgabe von Katharina Pratos „Süddeutscher Küche" und der berühmten „Hess" stibitzten. Außerdem verfügen wir mittlerweile über drei dicke Ordner mit Rezepten, die wir von Müttern, Tanten und Großmüttern erlauscht und dann aufgeschrieben haben. Dazu gesellen sich alte, vergilbte Zeitungsausschnitte mit oft sehr spannenden, fast schon in Vergessenheit geratenen Rezepten. Zudem haben wir auch noch jede Menge handschriftlicher Anmerkungen zusammengetragen, die sich – oft nur flüchtig hingekritzelt – auf der Rückseite alter Rechnungen und Visitenkarten oder zwischen den Seiten alter, längst nicht mehr gelesener Wälzer befinden.

Kurzum: Wir hatten bald sehr viel Futter für unser eigenes „Kuchlkastl", auf dessen Inhalt unsere beiden mittlerweile erwachsenen Töchter heute schon spitzen. Kein Wunder, sie waren ja in den letzten Jahrzehnten auch unsere zwei besten Gäste.

Unsere Tätigkeit als Restaurantkritiker – wir betreuten gemeinsam fast anderthalb Jahrzehnte lang Redaktion und Lektorat des österreichischen Guides „Gault Millau" und waren 1998 Mitbegründer des österreichischen Wirtshausführers „Wo isst Österreich?" – führte uns freilich auch immer wieder aus unseren vier Küchenwänden hinaus in die kulinarische Welt, vor allem aber in Österreichs Bundesländer und deren entlegenste Winkel. Wenn wir von dort zurückkehrten, hatten wir immer ein paar neue Rezepte im Ränzel, die teils auf Inspirationen aus der Gastronomie, teils aber auch auf Originalrezepten beruhen, die uns Köchinnen und Köche, Winzerinnen und Winzer, Bäuerinnen und Bauern auf unseren Reisen verraten haben.

Vor allem aber haben wir Kochbücher gesammelt, alte und neue, mittlerweile ein paar tausend davon, viele aus Österreich, aber auch gar nicht wenige aus den Ländern der ehemaligen Donaumonarchie.

Ein nicht unbeträchtlicher Teil der Rezepte hat seinen Ursprung in Zeiten, in denen die Hausfrau beim Einkaufen noch jeden Groschen umdrehen musste und versuchte, mit möglichst preisgünstigen Zutaten möglichst schmackhaft zu kochen. Dieser Zugang geriet während der Zeiten der Hochkonjunktur allmählich in Vergessenheit, ist jedoch durch die Rezession, die wir gegenwärtig erleben, wieder aktueller denn je geworden. Viele Rezepte erzählen nämlich nicht nur davon, wie großartig unsere Vorfahren es schafften, aus wenig viel – vor allem mit viel Wohlgeschmack – zu machen, sondern auch davon, wie sparsam sie dabei wirtschafteten.

Heute besinnt man sich wieder der alten Küchentugenden, und viele spüren auch das Bedürfnis, rund um den häuslichen Esstisch wieder enger zusammenzurücken. Die globalisierte Welt mit ihren immer stärker spürbaren sozialen Bruchlinien hat uns zum Nachdenken darüber veranlasst, ob wir uns nicht nur nach außen, sondern auch wieder mehr nach innen orientieren sollten, um das Erworbene nicht fahrlässig auf dem Altar des Erstrebten zu opfern.

Das vorliegende Buch soll auf möglichst delikate und leicht fassliche Weise dabei behilflich sein, die typischen Gerichte der österreichischen Bundesländer sowie ihrer Regionen, Viertel und Talschaften auch weiterhin lebendig zu halten. Denn das „österreichische Kuchlkastl" ist, wie wir im Laufe unserer Recherchen immer wieder festgestellt haben, ein echtes lukullisches Schatzkästlein.

Beim Heben dieser Schätze durch Schmökern und Nachkochen wünschen wir Ihnen, liebe Leserinnen und Leser, viele schöne Stunden, vor allem aber einen guten Appetit!

Vorspeise
und Jause

Salzburger Bierbrezeln

Ein Genuss zu Weißwurst und Weißbier, es darf freilich auch
jedes andere Bier und (fast) jede andere Wurst sein

Zutaten

350 g kaltes Wasser
30 g Germ
2 TL Salz
600 g Weizenmehl
1 Eidotter
2 EL Wasser
grobes Meersalz und
Kümmel zum Bestreuen

Zubereitung

■ Zunächst Germ und Salz ins Wasser geben, dann erst das Mehl hinzufügen und alle Zutaten 10–15 Minuten gründlich kneten, bis daraus ein geschmeidiger Teig entsteht. An einem warmen Ort mit einem feuchten Tuch abgedeckt etwa 20 Minuten aufgehen lassen. Danach den Teig zusammenschlagen, noch einmal 5 Minuten durchkneten und erneut aufgehen lassen. ■ Nun den Brezelteig noch kurz durchkneten, anschließend möglichst dünne Rollen von etwa 25 cm Länge formen und diese zu Brezeln schlingen. Dazu jeden Teigstrang in Hufeisenform so auf die Arbeitsfläche legen, dass beide Enden zum eigenen Körper zeigen. ■ Dann die Enden anheben, wie einen Knoten einmal umeinander schlingen, die Enden links und rechts auf die so entstandene Schlaufe legen. ■ Die so entstandenen Brezeln auf Backpapier oder ein gefettetes Backblech legen und mit einer Mischung aus Eidotter und Wasser bestreichen. Mit grobem Meersalz und Kümmel bestreuen. Bei 220 °C etwa 35 Minuten lang goldbraun backen.

Tipp:
Wenn Sie die Brezeln vor dem Ausbacken kurz in kochendes Wasser legen, entsteht ein besonders geschmeidiger „Laugenteig", von dem auch die Bezeichnung „Laugenbrezel" herrührt.

Bergkäsekekse

Ein pikanter „Alpensnack" aus Vorarlberg

Zutaten

150 g Weizenmehl
80 g Butter
60 g geriebene Mandeln
60 g Parmesan oder anderer
Reibkäse
1 Eidotter
1 Msp. Backpulver
Salz
Gewürzpaprika

Für die Fülle:

40 g weiche Butter
40 g geriebener kräftiger
Bergkäse
40 g Gervais
Salz, weißer Pfeffer
1–2 EL gehackter Schnittlauch

Zubereitung

■ Mehl, Butter, Mandeln, Käse, Eidotter, Backpulver, Salz und Paprika zu einem glatten Teig verarbeiten und diesen ½ Stunde rasten lassen. ■ Teig zweimesserrückendick ausrollen und mit einer Gabel rundum perforieren. Kekse ausstechen, im Rohr bei 175 °C goldgelb backen und auskühlen lassen. ■ Aus den angegebenen Zutaten die Fülle zubereiten, einen Keks damit bestreichen und einen zweiten Keks darauflegen. ■ Vor dem Servieren im Kühlschrank etwas steif werden lassen.

Obatzta

Ein Salzburger Rezept, das seine Inspiration der
bayrischen Bierküche verdankt

Zutaten
150 g Camembert
150 g gut gereifter
Romadurkäse
200 g weiche Butter
1 große, fein gehackte Zwiebel
1–2 KL Paprikapulver
1 Prise Kümmel
Salz und Pfeffer nach
Belieben
60 ml Bier zum Abrühren
Zwiebelringe zum Garnieren

Zubereitung
■ Den Camembert und den Romadur
mit einer Gabel gut zerdrücken und
nach und nach mit der weichen Butter,
der fein gehackten Zwiebel und den
Gewürzen vermischen. ■ Am Schluss
je nach gewünschter Konsistenz
etwas Bier dazugießen, alles noch
einmal gut durcharbeiten, mit etwas
Paprikapulver bestreuen und mit
Zwiebelringen garniert servieren.

Graukas in Himbeeressig und Nussöl

Ein schmackhaftes Rezept aus Osttirol

Zutaten
400 g möglichst speckiger
Tiroler Graukäse
2 große weiße Zwiebeln
80 g Walnusskerne
2 EL Himbeeressig
4 EL Walnussöl
Salz
Pfeffer aus der Mühle
fein gehackte Petersilie oder
Schnittlauch für die Garnitur

Zubereitung
■ Den Graukäse in quadratische
Würfel von ca. 1 cm Seitenlänge
schneiden. Die Zwiebeln fein hacken,
die Walnusskerne eventuell schälen
und halbieren. ■ Alle Zutaten vermischen, salzen, pfeffern, mit Himbeeressig und Walnussöl mischen
und mit Petersilie oder Schnittlauch
bestreut zu Bauernbrotschnitten
servieren.

Gröbminger Liptauer

Im steirischen Ennstal, dem Mutterland der
österreichischen Edelpilzschimmelkäse, findet man auch
häufig diese Variante des Liptauer-Aufstrichs.

Zutaten

100 g Speisetopfen höherer
Fettstufe
100 g Crème fraîche oder
Sauerrahm
100 g fein geriebener
steirischer Emmentaler
(z.B. Gaishorner Auslese)
100 g Österkron oder
ein anderer steirischer
Edelschimmelkäse
100 g Butter
1–2 EL fein gehackte
Gewürzgurken
3–4 EL fein gehackter Lauch
1 Msp. Senf
Salz
1–2 EL edelsüßes
Paprikapulver
1 EL fein gehackter
Schnittlauch

Zubereitung

■ Alle Zutaten bis auf den Schnittlauch mit einer Gabel oder einem
Mixer gut durchmengen, erst am
Schluss mit Paprika und Salz würzen.
■ Kalt stellen und mit frischem,
fein gehacktem Schnittlauch bestreut
servieren.

Erdäpfelkas

Ein Rezept aus dem oberösterreichischen Sauwald

Zutaten

200 g mehlige
Sauwald-Erdäpfel
1 Zwiebel
2 EL Butter
Salz
Pfeffer aus der Mühle
Kümmel
2–3 zerdrückte
Knoblauchzehen
1 EL gehackter Schnittlauch
4 EL Sauerrahm
frisch gemahlener Pfeffer
oder Paprikapulver zum
Bestreuen
2–3 Tomaten und
1 Paprikaschote zum
Garnieren

Zubereitung

■ Die Erdäpfel kochen oder dämpfen und zum Auskühlen beiseite stellen. Die Zwiebel sehr fein hacken und mit der Butter mischen. Die ausgekühlten Erdäpfel schälen und auf einem Reibeisen grob reißen. ■ In einer Schüssel nun die Erdäpfel mit der Zwiebelbutter, Salz, Pfeffer, Kümmel, Knoblauch, Schnittlauch und Sauerrahm gut vermengen und zu einer streichfähigen Masse verrühren. Den Erdäpfelkas für mindestens 1 Stunde kalt stellen. ■ Vor dem Servieren den Erdäpfelkas mit grob gemahlenem Pfeffer aus der Mühle oder mit Paprikapulver bestreuen, in der Mitte eines Tellers aufhäufen und rundum mit Tomatenspalten und Paprikastreifen garnieren. ■ Dazu reicht man frisches, knuspriges Bauernbrot oder Laugenbrezerl. Auch heiße Grammeln sind empfehlenswert.

Verhackert

Der klassische steirische Heurigenaufstrich

Zutaten
400 g luftgetrockneter
Speck ohne Schwarte
Salz, Pfeffer
1 Knoblauchzehe
2–3 EL zerlassenes
Schweineschmalz oder
Rinderkernfett
2 große Zwiebeln
1 KL Paprikapulver

Zubereitung
■ Den Speck salzen, pfeffern und im Blitzcutter zerkleinern. Eine Steingutform mit zerdrücktem Knoblauch und etwas Schmalz ausstreichen und den gehackten Speck einfüllen. Den Rest des Schmalzes (oder Kernfett) erhitzen und über die Speckmasse gießen. Den Topf mit einem Tuch verschließen und ca. drei Wochen im Kühlschrank ziehen lassen. ■ Mit Zwiebelringen und Paprikapulver zu (nach Wunsch auch getoastetem) Bauernbrot servieren.

Glundnerkas

Das Rezept wird heute noch auf vielen Kärntner Gebirgshöfen gekocht.

Zutaten

1,5 kg Topfen
15 g Salz, Kümmel
150 g Butterschmalz
eine Handvoll Kärntner
Bröseltopfen

Zubereitung

■ Den Topfen zerbröseln und in einer möglichst flachen Schüssel verteilen, Schüssel anschließend mit einem leicht befeuchteten Tuch zudecken und an einem warmen Ort zwei bis drei Tage lang stehen lassen, bis die Topfenkörner fast durchsichtig und „glitschig" sind. Es empfiehlt sich allerdings, diese Prozedur, während derer man den Käse täglich mehrere Male mit einer Gabel auflockern sollte, nicht in der Küche vorzunehmen, da der Käse während des Prozesses einen stechenden, unangenehmen Geruch entwickelt. ■ Nun den Topfen salzen, mit Kümmel würzen und in einer möglichst schweren Pfanne in heißem Butterschmalz unter ständigem Rühren zum Schmelzen bringen. Die Käsemasse ist „gelunden", wenn der Käseteig zu fließen beginnt und sich eine zusammenhängende Masse herausbildet. ■ Diese füllt man in eine Schüssel, rührt eine Handvoll abgebröselten trockenen Topfen darunter und lässt den Käse an einem kühlen Ort rasten, bis er steif und fest ist.

Gsiberger Leberkäs

Eine Jausenspezialität aus Vorarlberg

Zutaten

für 8–10 Portionen

500 g nicht zu fetter Speck
(Frühstücksspeck)
1 ¼ kg Schweinsleber
3 Semmeln vom Vortag
Rindsuppe oder Milch
zum Einweichen
2 Zwiebeln
2 EL Butterschmalz
3 Eier
Salz
Pfeffer aus der Mühle
200 g hauchdünn
geschnittener Speck

Zubereitung

■ Speck ohne Schwarte in grobe Würfel schneiden, die zugeputzte Leber ohne Stränge ebenfalls in Stücke schneiden. Die Semmeln in Rindsuppe oder Milch einweichen, danach ausdrücken. ■ Zwiebeln grob hacken und kurz in heißem Butterschmalz hell Farbe nehmen lassen. Nun alle Zutaten gemeinsam mit den Eiern vermengen, gut mit Salz und frisch gemahlenem Pfeffer würzen und in der Küchenmaschine cuttern (oder mehrmals durch den Fleischwolf drehen). ■ Eine feuerfeste Auflaufform mit den Speckscheiben auslegen, die Fleischmasse einfüllen und glattstreichen. Die Oberfläche ebenfalls mit Speckscheiben bedecken und den Leberkäse bei 180 °C etwa 1 Stunde backen. ■ Herausnehmen und auskühlen lassen. Je nach Belieben noch lauwarm oder ganz erkaltet aufschneiden und mit frischem Brot und Zwiebelsenf servieren.

Alt-Wiener Hirschgalantine

Ein Original-Rollpastetenrezept aus der traditionsreichen
Wiener Pastetenmanufaktur Hink

Zutaten
200 g Rohschinken

Für die Trüffelfarce:
130 g Hühnerbrust ohne Haut
60 g Obers
2 cl Madeira (oder öster-
reichischer Prädikatswein)
Salz, Pfeffer
20 g fein gehackte schwarze
Trüffel (oder Sommertrüffel)

Für die Morchelfarce:
130 g zugeputztes
Hirschfleisch
2 cl Cognac
1 Msp. Wildgewürz
90 ml Obers
80 g Morcheln (frisch oder
getrocknet und vorgeweicht)
Salz, Pfeffer

Für die Einlage:
200 g Hirschrücken, in 3 cm
breite Streifen geschnitten
1 Blatt Gelatine
etwas Wasser

Zubereitung
■ Hühnerbrust ohne Haut faschieren, mit etwas Obers leicht anfrieren lassen. Dann zusammen mit Madeira und dem restlichen Obers, Salz und Pfeffer im Blitzcutter zu einer glatten, feinen Farce mixen. Gehackte Trüffel einrühren und die fertige Farce kalt stellen.
■ Morchelfarce im selben Ablauf wie Geflügelfarce herstellen. ■ Klarsichtfolie 20 mal 30 cm auf der Arbeitsfläche auflegen, Rohschinken 1 cm überlappend in einer Reihe auflegen, Trüffelfarce in einer Bahn auf dem Rohschinken aufspritzen, mit einer Palette glattstreichen, gesalzenes Hirschfilet darüber platzieren und mit der Morchelfarce abschließen, das letzte Drittel vom Rohschinken mit aufgelöster Gelatine bepinseln und straff einrollen. Enden der Folien abbinden und das Ganze noch einmal in Alufolie einschlagen. Anschließend bei 70 °C unter Dampf 25 Minuten garen. ■ Hirschgalantine mit süßsaurem Kürbis und Sauce Cumberland servieren.

Karpfensulz

Dieses Rezept stammt aus der Karpfenregion
im nördlichen Waldviertel.

Zutaten

500 g Karpfenfilet mit Haut
Salz
Essig
2 Zwiebeln
1 Bund Wurzelwerk
Pfefferkörner
1 Lorbeerblatt
12 Blatt Gelatine
3 hartgekochte Eier
gekrauste Petersilien-
und Kerbelblätter

Zubereitung

■ Die Karpfenfilets zunächst gut entgräten, entschuppen und kräftig mit Salz einreiben. Stark mit Essig aromatisiertes Salzwasser zum Kochen bringen, über die Fischfilets gießen und (abseits der Herdplatte) mindestens 20 Minuten ziehen lassen. ■ Währenddessen die grob zerteilten Zwiebeln, das in Streifen geschnittene Wurzelwerk sowie die in ein Leinensäckchen oder einen Teebeutel gebundenen Gewürze gut ½ Stunde lang in Salzwasser kochen. Karpfen aus dem Essigwasser heben und im Gewürzsud etwa 15 Minuten knapp unter dem Siedepunkt ziehen lassen. Herausheben, eventuell nochmals entgräten und die Haut – je nach Vorliebe – entfernen oder lassen. ■ Sud abseihen, Gemüsestreifen beiseite stellen und Sud bei starker Hitze auf etwa einen halben Liter einkochen lassen. Dann Gelatine in kaltem Wasser einweichen, ausdrücken, im Sud auflösen und diesen kalt stellen. ■ In eine passende Form oder Schüssel etwas überkühlten Sud eingießen und an einem kühlen Ort (Kühlschrank) anstocken lassen. Zieht das Gelee an, die in Scheiben geschnittenen Eier sowie Kräuterblätter einlegen, mit etwas Sud übergießen und abermals etwas anziehen lassen. Nun die Karpfenstücke und die Wurzelstreifen in der Form verteilen, mit dem restlichen Sud begießen und über Nacht bzw. 12 Stunden kalt stellen. ■ Vor dem Stürzen empfiehlt es sich, die Form kurz in heißes Wasser zu stellen.

Ein Fisch für die Herrentafel

Der älteste in Niederösterreich urkundlich erwähnte Karpfen ist an die 350 Jahre alt und wurde an der „Herrentafel" von St. Pantaleon verspeist. Heute wird der wegen seiner reflektierenden großen Schuppen auch Spiegelkarpfen genannte Speisefisch vor allem in den rund 1.400 Waldviertler Teichen (Gesamtwasserfläche: 1.600 ha) gezüchtet und kommt entweder in Semmelbröseln gebacken, mit Knoblauch gebraten oder in Wurzelwerk und Essigwasser „blau" gedünstet auf den Tisch. Der „Böhmische Karpfen" wird hingegen mit Schwarzbier, Lebkuchen und gelegentlich auch mit Powidl zubereitet. |

Schwammerlsalat

Der Ostrong, von dem das folgende Rezept stammt, ist die höchste Erhebung einer besonders schwammerlreichen Hügelkette im südlichen Waldviertel.

Zutaten

800 g Schwammerl (Parasole, Rotkappen, Steinpilze o.Ä.)
2 EL Butterschmalz
1 kleine Zwiebel
1 EL fein gehackte Petersilie
1 Schuss Weißweinessig
Salz, Pfeffer
3 EL Mohnöl oder Walnussöl
200 g geputzter Blattsalat
8 Wachteleier

Zubereitung

■ Die in Streifen geschnittenen Schwammerl in heißem Butterschmalz kurz anrösten lassen. Gehackte Zwiebel und Petersilie daruntermischen und alles auf kleiner Flamme ½ Minute rösten. Sowohl die Schwammerl als auch die Zwiebelwürfel sollten noch bissfest sein. ■ Mit Essig ablöschen, salzen, pfeffern und mit Mohn- oder Walnussöl beträufelt noch lauwarm auf dem Blattsalat anrichten. ■ Mit den gekochten und halbierten Wachteleiern dekorieren und mit frischem, knusprigem Weißbrot servieren.

Kaltes Bohnenbratl

Eine typisch burgenländische Buschenschank-Spezialität

Zutaten

200 g getrocknete eingeweichte Bohnen
Salz
100 g Zwiebeln
2 EL Butter
1 EL Rapsöl
1 EL feiner Weißweinessig
1 Msp. Senf
2 EL Schlagobers
1 KL frisch gerissener Kren
Bohnenkraut
frisch geschroteter weißer Pfeffer
500 g kalter aufgeschnittener Schweinsbraten
2 EL fein gehackte Petersilie

Zubereitung

■ Die über Nacht eingeweichten Bohnen in reichlich Salzwasser weichkochen, gut abtropfen lassen, etwas Bohnensud auffangen und beiseite stellen. Bohnen mit dem Mixstab oder in der Küchenmaschine zu einem feinen Püree verarbeiten. ■ Zwiebeln fein hacken, in einer Kasserolle mit etwas Butter hellbraun anlaufen lassen und mit wenig Bohnensud aufgießen. Topf vom Herd nehmen und Rapsöl, Weißweinessig, Senf, Schlagobers und Kren hinzufügen und die so entstandene Marinade mit der Bohnenpaste gut verrühren. ■ Die Masse mit gehacktem Bohnenkraut, Salz und Pfeffer fein abschmecken und mit einem Messer gleichmäßig auf die Schweinsbratenscheiben streichen. ■ Nach Möglichkeit 1 Stunde lang durchziehen lassen und erst dann mit fein gehackter Petersilie bestreut servieren.

Räßkäsbrot

Dieses Rezept stammt aus Vorarlberg.

Zutaten

20 g Germ
100 ml Milch
2 Eier
Salz, Pfeffer aus der Mühle
300 g Mehl
3 EL Butter
80–100 g geriebener
Räßkäse oder Bergkäse
Butter für die Form
1 Ei zum Bestreichen
geriebener Käse zum
Bestreuen

Zubereitung

■ In einer Schüssel Germ mit lauwarmer Milch vermengen, kurz durchmischen und Eier zugeben. Mit Salz und frisch geschrotetem Pfeffer würzen. Mehl und zimmertemperierte Butter unter ständigem Kneten langsam einarbeiten. So lange kneten, bis ein geschmeidiger Teig entstanden ist. Den Teig zugedeckt an einem warmen Ort so lange aufgehen lassen, bis sich sein Volumen verdoppelt hat. Nochmals zusammenschlagen und den geriebenen Käse einarbeiten. ■ Eine Kastenform gut mit Butter ausstreichen, den Teig auf die Größe der Kastenform hin auswalken und einlegen. Abermals abdecken und aufgehen lassen. Backrohr auf 190 °C vorheizen. ■ Oberfläche mit Ei bestreichen und mit etwas Käse bestreuen, etwa 30–40 Minuten goldgelb backen. Fertig gebackenes Räßkäsbrot auskühlen lassen und wie einen Brotwecken aufschneiden.

„Woachfleisch" im Brotteig

Ein klassisches Osterrezept aus der Steiermark, das es als
„Schinken im Brotteig" allerdings auch in anderen Bundesländern gibt

Zutaten

für 6 Portionen

1 kg rohes Geselchtes
1 Bund Suppengrün
1–2 Lorbeerblätter
800 g Brotteig (Bäckerware)
Mehl für die Arbeitsfläche
2 Eidotter
etwas Milch

Zubereitung

■ Das Geselchte über Nacht in kaltem Wasser einweichen. Dann das Wasser wechseln, das Geselchte kalt aufstellen und mit Suppengrün und Lorbeerblättern zugedeckt gut 1 Stunde lang leicht wallend kochen. ■ Das Backrohr auf 200 °C vorheizen. ■ Brotteig auf einer bemehlten Arbeitsplatte auswalken und den etwas überkühlten Schinken daraufsetzen. Den Teig über den Schinken schlagen und diesen zur Gänze einhüllen. Den Teig an der Oberfläche mehrmals mit einer Gabel einstechen. Eidotter mit Milch versprudeln, den Teig damit bestreichen. Auf ein bemehltes Backblech setzen und bei ca. 180 °C etwa 2 Stunden lang backen.

Bachkrebserl auf Wiesensalat

Ein Rezept aus dem Salzburger Land, wo auf dem Jagdschloss Graf Recke in Wald im Pinzgau nach der Krebsenpest wieder eine der ersten Krebszuchten der österreichischen Nachkriegsepoche entstand

Zutaten

16 frische Bach- oder Flusskrebse
150 g speckige Erdäpfel
150 g gemischter Wiesensalat (z.B. Löwenzahn, Brunnenkresse, Sauerampfer, Borretsch, Kapuzinerkresse o.Ä.)
50 g durchzogener Speck
1 Zwiebel
Salz, Pfeffer
2–3 EL Distelöl (oder ein anderes hochwertiges Pflanzenöl)
1–2 EL Pfirsichessig (oder ein anderer hochwertiger Obstessig)
1 Knoblauchzehe

Zubereitung

■ Flusskrebse in heißem Salzwasser kurz pochieren, Krebsschwänze und Fangarme ausbrechen. Krebsschwänze wenn möglich auslösen und warm stellen. Krebsnase (Panzer) ausschaben, waschen und beiseite stellen.
■ Erdäpfel kochen, schälen und blättrig schneiden, Speck kleinwürfelig schneiden und anrösten. Wiesensalate waschen und nudelig schneiden. Zwiebel in Ringe schneiden. Aus Salz, Pfeffer, zerdrücktem Knoblauch, Distelöl und Pfirsichessig eine Marinade zubereiten. ■ Die Salate mit den Erdäpfelscheiben und Zwiebelringen vermischen, mit der Marinade begießen und portionsweise auf Tellern anrichten. Speckwürfel darüberstreuen. In die Mitte des Salatbetts jeweils eine Krebsnase setzen. Die Krebsschwänze rundherum anrichten und mit den Krebsfüßen den Tellerrand dekorieren.

Tipp:
Besonders mundet dieser Salat, wenn man auch noch geviertelte Cocktailtomaten und halbierte gekochte Wachteleier daruntermischt.

Spargel in Bozner Sauce

Ein Klassiker der Südtiroler Küche

Zutaten

600 g Spargel
Salz
Zucker
Essig

Für die Bozner Sauce:

3 hartgekochte Eier
1 EL fein gehackter
Schnittlauch
3 EL Öl
2 EL Weißweinessig
1 Msp. Senf
Salz

Zubereitung

■ Spargel schälen, holzige Stücke abschneiden, in Salz-Zucker-Essig-Wasser bissfest kochen und abtropfen lassen. ■ Aus dem klein gehackten, hartgekochten Eiweiß, den passierten Eidottern, Schnittlauch, Essig, Öl, Senf und Salz eine sämige Sauce zubereiten und diese über die Spargelspitzen gießen.

Tipp:
Man kann die Sauce auch noch mit fein gehackten Zwiebeln, einem Schuss Weißwein, Sauerrahm, fein gewiegten Gewürzgurken und Sardellenpaste verfeinern. Häufig wird die Bozner Sauce statt mit hartgekochten Eiern und Öl auch mit Mayonnaise zubereitet, dies entspricht jedoch nicht dem Original.

Lavanttaler Spargeltascherl in Bertramsauce

Ein Rezept aus der kleinen, aber feinen und noch relativ jungen Spargelregion im Kärntner Lavanttal

Zutaten

1 kg Spargel
1 Prise Zucker
400 g Blätterteig
1 Ei
4 EL Spargelsud
4 EL kalte Butter
1–2 Zweiglein frischer Bertram (Estragon)
etwas Zitronensaft
Salz, weißer Pfeffer

Zubereitung

■ Die Spargelstangen gut zuputzen und das hintere Drittel großzügig abschneiden (eignet sich zur Weiterverwendung für Spargelsuppe), sodass alle Spargel eine gleichmäßige Länge von ca. 10 cm aufweisen. Reichlich Wasser zum Kochen bringen, gut salzen, etwas zuckern und den Spargel darin je nach Dicke 8–12 Minuten kochen. Er sollte aber in jedem Fall noch sehr knackig sein, da er ja anschließend noch weitergart. ■ Die Spargel gut abtropfen lassen, in vier gleich große Portionen teilen und den ausgerollten Blätterteig in acht gleich große Stücke schneiden. Je eine Spargelportion auf eine Teigplatte setzen. (Sollte diese zu klein sein, vorher noch mit den Nudelwalker entsprechend ausrollen!) Die Ränder mit verquirltem Ei bestreichen. Die vier übrigen Teigplatten draufsetzen und gut andrücken, sodass rundum ein Rand von ca. 1 cm Dicke entsteht. ■ Die vier auf diese Weise entstandenen Spargeltäschchen mit dem restlichen Ei bestreichen und im auf ca. 200 °C vorgeheizten Backrohr backen, bis die Täschchen knusprig und goldbraun sind (je nach

Dicke des Teigs ca. 12–15 Minuten).
■ Danach in einer Saucenpfanne den
Spargelsud zum Kochen bringen,
die Pfanne vom Herd nehmen, mit der
eiskalten, in Flöckchen eingerührten
Butter binden (oder aufmixen), den
fein gehackten Bertram darunterrühren und mit einem Spritzer Zitronensaft sowie Salz und weißem Pfeffer
abschmecken. ■ Die Bertramsauce auf
vier gut vorgewärmte Teller verteilen,
je ein Spargeltascherl draufsetzen und
rasch servieren, damit der Blätterteig
knusprig bleibt.

Das Kaisergemüse

Angeblich schon von römischen Legionären als „Kaisergemüse" nach Österreich
gebracht, ist der Spargel aus Niederösterreich von feinster Qualität und mit seinen
Gegenstücken aus Schwetzingen oder dem Wallis qualitativ durchaus vergleichbar.
Vor allem der Marchfelder Spargel genügt höchsten Ansprüchen. Hier findet
auch alljährlich zur Saison (sechs Wochen vor dem Johannistag am 24. Juni) das
Marchfelder Spargelfest statt.
Ganz anderer Art ist der sogenannte „Laxenburger Spargel". Er wurde zwar nach
dem kaiserlichen Gemüsegarten in Schloss Laxenburg südlich von Wien benannt,
bedeutete jedoch früher eine von den kaiserlichen Behörden verhängte Körperstrafe
von 25 Hieben. „Jetzt hat er sein Laxenburger Spargel kriagt", ist daher auch eine
umgangssprachliche Umschreibung dafür, dass jemand seine wohlverdiente Strafe
erhalten hat. |

Suppen

Kaspressknödelsuppe

Kaspressknödel sind ein Leitmotiv der Alpenküche. Sie schmecken auch hervorragend, wenn man sie nur in Butter brät oder mit Sauerkraut serviert. Das Element, in dem sie sich am wohlsten fühlen, ist jedoch ohne Zweifel eine gute, kräftige Rindsuppe.

Zutaten
200 g Knödelbrot
125 ml Sauerrahm
125 ml Schlagobers
2 Eier
2 EL Mehl
2 gekochte Erdäpfel
Salz
Petersilie
1 fein gehackte Zwiebel
1 EL Butter
200 g sehr fein gehackter Pinzgauer Bierkäse
reichlich Butterschmalz zum Ausbacken
1 l Rindsuppe

Zubereitung
■ Aus Knödelbrot, Sauerrahm, Obers, Mehl, Eiern, Salz, Petersilie, den durch ein Sieb gedrückten Erdäpfeln, den in zerlassener Butter geschwenkten Zwiebeln und dem Bierkäse einen kompakten Knödelteig zubereiten und diesen ca. 20 Minuten lang rasten lassen. ■ Aus dem Teig eine Rolle formen und von dieser mit einem befeuchteten Messer jeweils Scheiben von ca. 1 cm Dicke abschneiden. Die Knödelscheiben in heißem Butterschmalz schwimmend herausbacken. Herausheben, abtropfen lassen, auf vorgewärmte Suppenteller verteilen und mit der heißen Rindsuppe übergießen.

Tipp:
Im Pinzgau wird dieses Gericht, mit Erdäpfel- und Blattsalat als Beilage, auch häufig als Hauptmahlzeit gegessen.

Erdäpfelsuppe

Ein Rezept aus dem Tiroler Außerfern

Zutaten

600 g Erdäpfel
1 mittlere Zwiebel
300 ml Wasser
1 EL Butter
Salz, Pfeffer
700 ml Milch
3 EL fein gehackte
Mischkräuter (z.B. Kerbel,
Estragon, Majoran,
Thymian, Minze, Petersilie)
1 Schuss Essig oder
Zitronensaft
1 Prise Muskatnuss
4 EL geröstete Schwarz-
oder Weißbrotwürfel

Zubereitung

■ Erdäpfel und Zwiebel grobwürfelig hacken. Zwiebel in zerlassener Butter glasig werden lassen, Erdäpfelwürfel dazugeben, mit Wasser ablöschen, aufkochen und ca. 20 Minuten weiterkochen lassen. Mit Salz und Pfeffer abschmecken. ■ Suppe im Mixer pürieren, erneut aufkochen und dabei allmählich die Milch unterrühren. Danach weitere 5 Minuten leise köcheln lassen. Am Schluss die Kräuter unterrühren, mit einem Schuss Essig oder Zitronensaft sowie einer Prise geriebener Muskatnuss abschmecken und die Suppe mit gerösteten Brotwürfeln servieren.

Tipp:
Man kann einen Teil der Milch auch durch Obers ersetzen.
Dann wir die Suppe noch feiner, aber auch etwas üppiger.

Bohnenrahmsuppe

Ein pannonisches Rezept aus dem Mittelburgenland

Zutaten
für 6–8 Portionen

250 g getrocknete Bohnen
300 g Schweinebauch
Salz
Pfefferkörner
1 Lorbeerblatt
3 EL Schweineschmalz
2 fein gehackte weiße
Zwiebeln
1 grüne Paprikaschote
1 rote Paprikaschote
1 EL Mehl
1,5 l Bohnensud oder
Rindsuppe
1–2 EL Paprikapulver
Majoran
1 Paar Debreziner
Essig
125 ml Sauerrahm

Zubereitung

■ Die getrockneten Bohnen über Nacht in Wasser einweichen und am nächsten Tag in frischem Wasser mit dem Schweinebauch, Salz, Pfefferkörnern und Lorbeerblatt weichkochen. ■ In einer Kasserolle Schmalz erhitzen, Zwiebeln darin anrösten, in Streifen geschnittene Paprikaschoten zugeben, mit etwas Mehl stauben und kurz anschwitzen lassen. Etwas Bohnensud oder Suppe hinzufügen, Paprikapulver einrühren und mit dem restlichen Bohnensud oder der Rindsuppe aufgießen. Mindestens 20 Minuten kochen lassen, mit Majoran, Salz und Essig abschmecken. ■ Inzwischen das weichgekochte Schweinefleisch kleinwürfelig und die Debreziner in Scheibchen schneiden. Fleisch, Würste und Bohnen in die kochende Suppe geben, mit einem Schuss Essig abschmecken, Sauerrahm einrühren und weiterköcheln lassen, bis die Suppe schön mollig ist.

Kürbiscremesuppe

Ein Rezept aus der zu Recht auch „Bauch von Österreich"
genannten Südsteiermark

Zutaten

600 g möglichst intensiv
gelbes Kürbisfleisch
1 Zwiebel
2 EL Butterschmalz
1 EL Mehl
60 ml steirischer Welsch-
riesling (oder ein anderer
trockener Weißwein)
750 ml Rindsuppe
250 ml Schlagobers
Salz, Pfeffer, Muskatnuss
2 EL Kürbiskerne
etwas Fett zum Rösten
Kürbiskernöl zum Garnieren

Tipp:
Sollten Sie kein gelbes,
sondern eher blasses Kürbisfleisch verwenden, so zaubern
Sie mit 1–2 Eidottern, die
Sie kurz vor dem Servieren
unterrühren, aber nicht
mehr mitkochen, etwas Gelb
in Ihre Suppe.

Zubereitung

■ Das Kürbisfleisch von weißen Fäd-
chen und allfälligen Kernen befreien
und in kleine Würfel schneiden. Zwiebel ebenfalls klein schneiden, in heißem Butterschmalz hell anrösten und
Kürbiswürfel dazugeben. Alles einige
Minuten durchrösten lassen. Etwas
Mehl darüberstreuen, gut umrühren
und mit Weißwein aufgießen. Rindsuppe und Schlagobers zugießen, mit
Salz und Pfeffer würzen, nochmals gut
durchmischen und alles zugedeckt
gut 30 Minuten dünsten lassen. ■ Ist
der Kürbis weich, durch ein Sieb passieren oder mit dem Mixstab pürieren.
Suppe wieder langsam erhitzen, mit
einer Prise Muskatnuss abschmecken
und sämig einkochen lassen. ■ Währenddessen die Kürbiskerne in wenig
Fett oder in einer Teflonpfanne fettfrei
langsam rösten (Achtung, die Kerne
werden rasch dunkel!). Fertige Suppe
portionsweise anrichten, mit den
gerösteten Kürbiskernen bestreuen,
etwas Kürbiskernöl darübergießen
und mit einem Messer schwungvoll
durchrühren, damit ein dekoratives
Muster (ähnlich einer Esterházytorte)
entsteht. Sofort servieren.

Millstätter Lachsforellensuppe

Die ungekrönte Königin der Kärntner Süßwasserfischküche

Zutaten

1 große weiße Zwiebel
1 Stange Lauch
1 kleine Selleriestange
2 kleine Knoblauchzehen
250 g Tomaten
2–3 EL Maiskeimöl
1 Lorbeerblatt
1 Zweiglein Thymian
1 Msp. Safranfäden
mindestens 750 g Karkassen
(Gräten-Reste)
Abschnitte und Köpfe
von Süßwasserfischen,
nach Verfügbarkeit auch
von Flusskrebsen
½ Flasche trockener
Weißwein
Salz, weißer Pfeffer
2 ausgelöste, gut entgrätete
Lachsforellenfilets von je
ca. 120 g
etwas fein gehackter Kerbel

Tipp:
Besonders gut schmeckt
diese Suppe, wenn außer
den Lachsforellenstücken
auch ausgelöste Flusskrebse
hinzugefügt werden.

Zubereitung

■ Geschälte Zwiebel, Lauch und Stangensellerie fein hacken, Knoblauchzehen der Länge nach vierteln, Tomaten entkernen und grob würfeln. In einer geräumigen Kasserolle das Maiskeimöl erhitzen und darin Zwiebeln und Lauch anschwitzen. Wenn diese glasig geworden sind, auch den Stangensellerie sowie die Knoblauchstiftchen hinzugeben und kurz mitziehen lassen. Die Tomatenwürfel dazugeben, gut durchrühren, mit Lorbeerblatt, Thymianzweiglein und Safranfäden würzen und die Fischkarkassen, Köpfe und Abschnitte hinzufügen. Mit Weißwein ablöschen und mit Wasser auffüllen, bis alle Zutaten bedeckt sind. Abdecken und 2–2½ Stunden auf mittlerer Flamme köcheln lassen. Bei Bedarf Wasser nachgießen. Am Ende Kochzeit mit Salz und weißem Pfeffer abschmecken und durch ein Haarsieb passieren. ■ Die Suppe erneut aufkochen und darin die in acht Stücke geteilten Lachsforellenfilets je nach Dicke 1–2 Minuten pochieren. Lachsforellenstücke aus dem Sud heben und auf Suppenterrinen verteilen. Mit der heißen Fischsuppe übergießen und mit gehacktem Kerbel bestreut servieren.

Dinkel-Bärlauch-Suppe

Ein Rezept aus dem oberösterreichischen Traunviertel,
wo der Bärlauch in den Traunauen besonders gut gedeiht

Zutaten

2 Bund frische Bärlauchblätter
(ersatzweise die gleiche
Menge Wiesenkräuter
mit etwas fein gehacktem
Knoblauch vermischt)
40 g Butter
½ gehackte Zwiebel
40 g Dinkelmehl
1–1,5 l Rindsuppe
Salz, Pfeffer aus der Mühle
Schlagobers nach Belieben

Zubereitung

■ Die gewaschenen und gut abgetropften Bärlauchblätter in feine Streifen schneiden (Kräuter fein hacken).
Die Butter in einer Kasserolle erhitzen,
gehackte Zwiebeln beigeben, kurz
anschwitzen, die Bärlauchstreifen
untermengen und ebenfalls kurz
andünsten. Nun das Dinkelmehl langsam einrühren und zu einer hellen
Einbrenn anschwitzen, mit Rindsuppe
aufgießen. ■ Nun die Suppe unter
gelegentlichem Umrühren noch etwa
20 Minuten vor sich hin köcheln
lassen. Mit Salz und frisch gemahlenem Pfeffer abschmecken und
mit etwas Schlagobers verfeinern.

Woazsupp'n

Diese Polentasuppe ist nach dem Mais benannt,
der in der Steiermark auch „Woaz" heißt.

Zutaten

20 g getrocknete Steinpilze
50 g nicht zu fetter Speck
2 Frühlingszwiebeln
2 EL Butterschmalz
70 g Polenta (Maisgrieß)
1 l Rindsuppe
150 ml Obers
Salz, Pfeffer aus der Mühle
gehackter Schnittlauch
zum Bestreuen

Zubereitung

■ Getrocknete Pilze in wenig warmem Wasser einweichen. Speck in kleine Würfel schneiden, Frühlingszwiebeln sehr fein hacken und beides in heißem Butterschmalz hell anrösten. Maisgrieß einstreuen, durchrühren, rasch mit der heißen Rindsuppe aufgießen. Eingeweichte Pilze samt Wasser zugeben und alles mindestens 20 Minuten einkochen lassen. Wiederholt umrühren, damit sich die Suppe nicht am Boden ansetzt. ■ Gewünschte Molligkeit der Suppe regulieren, indem man noch etwas Suppe zugießt oder die Suppe weiter einkocht. Obers in die Suppe mengen, nochmals aufkochen und abschließend mit Salz und Pfeffer abschmecken. Vor dem Servieren mit gehacktem Schnittlauch bestreuen.

Tipp:
Statt Speck können auch bissfest gekochte Gemüse wie Erbsen, Karotten etc. oder kleine Selchfleischwürfel serviert werden. Wer sich dem Originalrezept annähern möchte, der koche die Suppe eher als Brei und gieße statt mit Suppe mit Milch oder mit saurer Milch auf.

Veltliner-Spargel-Suppe

Ein Rezept aus der Spargelregion im Osten
des niederösterreichischen Weinviertels

Zutaten

350 g Spargel
1 l Wasser
2–3 EL Mehl
125 ml Grüner Veltliner
(oder ein anderer trockener
Weißwein)
125 ml Schlagobers
2 Eidotter
Salz, Pfeffer
Muskatnuss

Zubereitung

■ Spargel waschen, schälen, von
holzigen Teilen befreien und in kurze
Stücke zerteilen. Die Spargelköpfe
beiseite legen. Spargelschalen und
-abschnitte aufkochen und daraus
bei geschlossenem Deckel auf kleiner
Hitze etwa 30 Minuten lang einen
aromatischen Spargelsud kochen.

■ Den Sud durch ein Haarsieb seihen,
Spargelstücke in den heißen Sud
geben und auf sehr kleiner Hitze etwa
30 Minuten lang köcheln lassen.
Mehl, Wein und Obers versprudeln,
einrühren und die Suppe damit
leicht binden. Suppe mit dem Mixer
pürieren, Spargelköpfe hinzufügen,
Eidotter einrühren und die Suppe
weitere 8–12 Minuten knapp unter
dem Siedepunkt ziehen lassen.
Vor dem Servieren mit Pfeffer, Salz
und Muskat abschmecken.

Käst'nsuppe

Ein Maronisuppenrezept aus der burgenländischen „Käst'n und Nuss"-Region

Zutaten

750 g Edelkastanien
ca. 1,5 l Rindsuppe
40 g Semmelbrösel
200 ml Schlagobers
Salz, Pfeffer
Muskatnuss oder
Zimtpulver

Zubereitung

■ Kastanien mit einem Kastanienschneider (oder einem scharfen Messer) an der bauchigen Seite einschneiden, einige Minuten in kochend heißem Wasser überbrühen und sogleich schälen. 8 geschälte Kastanien beiseite legen, den Rest in Rindsuppe weichkochen. Kastanien herausgeben, im Cutter zerkleinern oder durch ein feines Sieb drücken. ■ Das Kastanienpüree mit Semmelbröseln vermischen und mit so viel Rindsuppe aufgießen, dass eine sämige, nicht zu dicke Suppe entsteht. Das Obers unter die Suppe rühren, kurz weiterköcheln lassen und abschmecken. Eventuell mit dem Stabmixer schaumig aufschlagen. Mit geriebener Muskatnuss oder Zimtpulver bestreut sowie mit jeweils zwei ganzen gekochten Kastanien als Einlage heiß servieren.

Gerstlsuppe

Eine Vorarlberger Spezialität mit „diegenem" Fleisch

Zutaten

für 4–6 Portionen

100 g Gerstl (Rollgerste)
100 g weiße Bohnen
getrocknetes Bohnenkraut
1 Lorbeerblatt, einige
zerdrückte Wacholderbeeren
Pfeffer aus der Mühle
400 g diegenes Fleisch
(Geselchtes)
½ Zwiebel
½ Stange Lauch
1 kleine Karotte
1 kleine Sellerie
2 Erdäpfel
Salz
Muskatnuss
frisch gehackte Petersilie

Zubereitung

■ Gerstl gemeinsam mit Bohnen über Nacht in etwa 2 Liter Wasser einweichen. Alles in einen Topf umfüllen, Bohnenkraut, Lorbeerblatt, zerdrückte Wacholderbeeren und frisch geschroteten Pfeffer beimengen und mit dem Geselchten im Einweichwasser weichkochen. Sobald das Fleisch weich ist, herausheben und kleinwürfelig schneiden. Je nach gewünschter Molligkeit noch Wasser zugießen oder zusätzlich einkochen. ■ Das klein geschnittene Gemüse und Erdäpfel zufügen und die Suppe noch so lange kochen, bis alles weich ist. Selchfleischwürfel wieder zugeben und abschließend mit Salz, Pfeffer und einer Prise Muskatnuss abschmecken. Gerstlsuppe in vorgewärmten Suppentassen anrichten, mit Petersilie bestreuen und auftragen.

Tipp:
Als klassische Einlage für diese kräftige Suppe wird in Vorarlberg der Hafeloab geschätzt (s. Rezept auf S. 111).

Brennsupp'n mit Graukas

Gefunden im Tiroler Innervillgraten

Zutaten

4 EL Mehl

4 EL Schmalz

1 l Fleisch- oder Gemüsesuppe
(bzw. Wasser)

Salz

Kümmel

Majoran

4 geröstete Brotschnitten

100 g Graukäse

Zubereitung

■ Aus Mehl und Schmalz eine möglichst dunkle Einbrenn zubereiten, mit Suppe oder Wasser aufgießen, mit Salz, Kümmel und Majoran abschmecken und die Brennsuppe ½ Stunde leicht vor sich hin köcheln lassen. ■ Inzwischen Brotscheiben anrösten und auf vorgewärmte Suppenteller verteilen. Heiße Suppe darübergießen und Graukäsewürfel hineinbröckeln.

Tipp:

Dieses ursprünglich sehr karge Almgericht wurde früher ganz ohne Fett, nur mit erhitztem Mehl zubereitet. Heute lässt sich die Brennsuppe aber auf unterschiedlichste Art und Weise, z.B. mit Erdäpfeln, Bohnen, Nudeln, Gemüse, Reibkäse, Sauerrahm oder Schlagobers beliebig verfeinern.

Brezensuppe aus Mozarts Zeit

Ein Rezept aus dem barocken Salzburg

Zutaten

1 fein gehackte Zwiebel
1 Msp. Kümmel
1 fein gehackte
Knoblauchzehe
2 EL Butterschmalz
1 l kräftige Rindsuppe
Salz, Pfeffer
1 Prise Muskatnuss
4 Laugenbrezen (ca. 300 g)
4 Eier
1 EL Butter
2 EL Parmesan

Zubereitung

■ Zwiebel in Butterschmalz glasig anziehen lassen, Knoblauch und Kümmel hinzufügen und auf kleiner Flamme kurz weiterdünsten. Mit kochender Rindsuppe aufgießen und mit Salz, Pfeffer und Muskatnuss abschmecken. Die Brezen in kleine Stücke brechen und in der Suppe auf kleiner Flamme weichen lassen, bis diese durch die Brezen gebunden wird. ■ Die Eier einzeln in heißem Essigwasser pochieren: Dafür ein Ei vorsichtig in einen Schöpflöffel schlagen, in diesem das Ei ins sanft kochende Wasser gleiten lassen, ca. 3 Minuten darin ziehen lassen, dann herausheben, mit kaltem Wasser abschrecken und beiseite stellen. Das Eiweiß sollte den Eidotter dabei umhüllen. Denselben Vorgang mit den übrigen Eiern wiederholen. Die „verlorenen Eier" auf vorgewärmte Suppentassen verteilen. ■ Aus Parmesan und Butter eine Kugel formen und diese in der heißen Brezensuppe schmelzen lassen, bevor man diese über die verlorenen Eier in die Tassen gießt.

Montafoner Käsesuppe

Eine bekannte Spezialität aus Vorarlberg

Zutaten

3 EL Butter
3 EL Mehl
1 l Rind- oder Gemüsesuppe
200 g geriebener Emmentaler
Pfeffer aus der Mühle
1 Schuss Weichselbrand nach
Belieben
1 Ei
1 EL Sauerrahm
4 Frühlingszwiebeln
1 zarte Karotte
Butter zum Andünsten
2 Scheiben Weißbrot

Zubereitung

■ In einem Suppentopf die Butter schmelzen, Mehl einstreuen, kurz anschwitzen und mit Suppe aufgießen. Unter wiederholtem Rühren gut durchkochen. Geriebenen Käse einmengen und bei gemäßigter Hitze schmelzen lassen. Wiederholt gut mit dem Schneebesen umrühren. Mit frisch geschrotetem Pfeffer und einem kleinen Schuss Weichselbrand abschmecken. Topf vom Feuer nehmen, das Ei mit Sauerrahm versprudeln und die Suppe damit vollenden.

■ Währenddessen in einer Pfanne die geviertelten Frühlingszwiebeln und die hauchdünn geschnittene Karotte in etwas Butter knackig andämpfen. Weißbrot in Würfel schneiden und ohne Fett knusprig rösten. Die fertige Käsesuppe in vorgewärmte Suppenteller füllen, Gemüse und Weißbrotcroûtons hineingeben und sofort auftragen, damit das Weißbrot nicht aufweicht.

Tipp:
Noch cremiger gerät diese Suppe, wenn man statt Hartkäse „Eckerlkäs"
(Schmelzkäse) verwendet.

Frittatensuppe

Der Klassiker der Alt-Wiener Suppenküche

Zutaten
75 g glattes Mehl
125 ml Milch
2 Eier
Salz
fetter Speck oder Butter
zum Backen
1 l Rindsuppe

Zubereitung
■ Mehl, Milch, Eier und Salz mit einem Schneebesen gut versprudeln. In einer Pfanne etwas Speck zerlassen, dann Speck wieder entfernen und im verbliebenen Fett 3–4 Frittatenpalatschinken beidseitig schön gelb ausbacken. ■ Jede Palatschinke einzeln zusammenrollen und mit einem scharfen Messer feinnudelig schneiden. Frittaten auf Suppenteller verteilen und mit heißer Rindsuppe übergießen.

Milchsuppe mit Riebele

Ein Vorarlberger Rezept aus dem Bregenzerwald

Zutaten
für 8 Portionen
Für die Riebele:
200 g Mehl
1 Ei
etwas Wasser

Für die Fertigstellung:
2 l Milch
Salz
1 Prise Muskatnuss

Zubereitung
■ Zuerst die Riebele zubereiten. Dafür das gesiebte Mehl in eine Schüssel geben, das Ei sowie etwas Wasser untermengen und alles so lange kräftig rühren, bis sich das Mehl mit dem Ei zu vielen kleinen Teigklümpchen (Riebele) vermengt hat. ■ Nun die mit Salz und einer Prise Muskatnuss aromatisierte Milch langsam aufkochen, die Riebele einmengen und nochmals kurz aufkochen lassen.

Grießnockerlsuppe

Der Alt-Wiener Suppenklassiker

Zutaten

70 g Butter
1 Ei
140 g Grieß
Salz
Muskatnuss
1 l Salzwasser
1 l Rindsuppe

Zubereitung

■ Zimmerwarme Butter mit einem Handmixer schaumig rühren, dann vorsichtig zunächst das Ei und anschließend den Grieß daruntermengen. Die Masse mit Salz und Muskatnuss würzen, etwas rasten lassen und daraus mithilfe von zwei Löffeln zeppelinförmige Nockerl stechen.

■ In siedendem Salzwasser 5 Minuten lang kochen. Vom Feuer nehmen und noch etwa 10 Minuten lang nachziehen lassen. Nockerl auf Suppenteller verteilen und mit heißer Rindsuppe übergießen.

Migranten aus dem Süden

Wie so viele „typische" Wiener Gerichte sind auch die Frittaten klassische kulinarische „Zuwanderer". Die Frittata erfreute sich als dicker, mit den unterschiedlichsten pikanten Zutaten gefüllter Pfannkuchen in Friaul und dem Veneto schon längst größter Beliebtheit, als die Österreicher sie dort entdeckten und in ihre Küche importierten. Ein Rezept für Kräuterfrittata findet sich übrigens bereits im 1542 erschienenen italienischen Kochbuchklassiker des Bartolomeo Sacchi da Platina. Wie meistens erwiesen sich die Wiener jedoch als kreative Rezeptdiebe. Die Idee, aus der Frittata dünne Streifen zu schneiden und diese als Suppeneinlage zu verwenden, dürfte tatsächlich erst in Wien ihren Ursprung haben. |

Lebernockensuppe

Ein altbekanntes Suppenrezept aus Tirol

Zutaten

50 g Butter

3 Eidotter

Salz

Majoran

Zitronenschale

300 g Schweinsleber

2 Schneidsemmeln

100 ml Milch

1 EL Mehl

1 EL Semmelbrösel

1 l Rindsuppe

1 EL fein gehackte Petersilie

Zubereitung

■ Butter und Eidotter mit Salz, Majoran und geriebener Zitronenschale schaumig abtreiben. Semmeln in Milch weichen, ausdrücken und gemeinsam mit der Leber durch den Fleischwolf drehen. Masse mit Butterabtrieb, Mehl und Semmelbröseln zu einem festen Teig verarbeiten, aus dem sich mit einem nassen Löffel Nocken stechen lassen. Nochmals abschmecken. ■ Die Nocken in der sanft wallenden Rindsuppe ca. 10 Minuten lang kochen und diese, mit Petersilie bestreut, heiß servieren.

Tiroler Jagasupp'n

Die kräftigende Suppe mit dem typischen Wildgeschmack

Zutaten
für 6 Portionen

400 g gemischtes Wildfleisch
von Hase, Reh und Hirsch
Wild- oder Rindsknochen
1 Bund Suppengemüse
1 Lorbeerblatt
4 zerdrückte Wacholderkörner
6 Pfefferkörner
1 kleine Zwiebel
1 EL Butter
1 EL Mehl
100 ml Rotwein
1 Schuss Rotweinessig
1 KL Tomatenmark
Salz, Pfeffer
125 ml Sauerrahm
6 gebähte Semmelschnitten

Zubereitung

■ Fleisch und Knochen in ca. 1,5 Liter kaltem Wasser aufstellen, zum Kochen bringen. Je nach Fleischqualität ca. 1 1/2 – 2 Stunden weichkochen. Etwa 45 Minuten vor Ende der Kochzeit Suppengrün, Gewürze und Aromaten hinzufügen. ■ Aus Butter und Mehl eine lichte Einbrenn zubereiten und mit Rotwein und der abgeseihten Wildsuppe unter ständigem Rühren aufgießen. ■ Sauerrahm einrühren. Sobald die Suppe sämig ist, mit Salz, Pfeffer, Tomatenmark und Essig abschmecken. Mit gebähten Weißbrotschnitten servieren.

Tipp:
Statt der gebähten Semmelschnitten können Sie auch kleine Tiroler Knödel als Einlage servieren.

Tirolerknödelsuppe

Die „Welt-Kugel" zwischen Inn, Etsch, Eisack und Drau ist eine der populärsten österreichischen Suppeneinlagen.

Zutaten

1 l Rindsuppe
250 g Knödelbrot
50 g leicht durchzogener
Tiroler Speck
50 g Bergsteigerwurst
oder Kaminwurzen
125 ml Milch
2 Eier
40 g Mehl
Salz, Muskatnuss
1 EL fein gehackte Petersilie
1 EL fein gehackter
Schnittlauch

Zubereitung

■ Semmelwürfel mit kleinwürfelig geschnittenem Speck und Bergsteigerwurst vermengen. Milch und Eier versprudeln, mit Salz, Muskatnuss und Petersilie würzen und diese Mischung über das Knödelbrot gießen. 15 Minuten ziehen lassen. ■ Mehl daruntermischen, kleine Knödel formen und diese 10–15 Minuten in Salzwasser kochen. Die Knödel in einer vorgewärmten Suppenschüssel anrichten, mit heißer Rindsuppe übergießen und mit fein gehacktem Schnittlauch bestreuen.

Alt-Salzburger Malzbiersuppe

Salzburg gilt als eine Wiege der österreichischen Bierkultur. Hier wurde bereits 1415 das heute noch bestehende Sternbräu gegründet. 1475 folgte das Hofbräu Kaltenhausen und 1492, im Jahr der Entdeckung der Neuen Welt, die Stiegl-Brauerei. Es ist daher auch nicht verwunderlich, dass sich in Salzburg auch eine ganz spezielle Kochkultur rund ums Bier entwickelte. Die folgende Suppe ist eines der beliebtesten Salzburger Bierrezepte und verdankt ihren Wohlgeschmack nicht zuletzt dem Safran, der im Zuge der Kreuzzüge vom Orient auch ins „Florenz des Nordens" vordrang.

Zutaten
für 3–4 Portionen
300 ml Rindsuppe
einige Fäden Safran
1 kleinwürfelig geschnittener Erdapfel
1 kleine Flasche (0,33 l) dunkles Malzbier
Salz, Pfeffer
1 Prise Zucker
1 Msp. frisch geriebene Muskatnuss
4 EL Sauerrahm
4 EL Schlagobers
2–3 Eidotter
100 g Weißbrotwürfel
2 EL Butter

Zubereitung
■ Den klein geschnittenen Erdapfel in der mit den Safranfäden gewürzten Rindsuppe so lange weichkochen, bis die Suppe dadurch eine leichte Bindung erhält. Dann mit Malzbier aufgießen und abermals aufkochen. Mit Salz, Pfeffer, einer Prise Zucker und Muskatnuss würzen. Eidotter mit Sauerrahm und Obers versprudeln und die Suppe damit abrunden (Vorsicht: Die Suppe dabei nur erhitzen und nicht zum Kochen bringen!).
■ Weißbrotwürfel in heißer Butter anrösten und über vorgewärmte Suppenteller verteilen. Die heiße Suppe darübergießen und sofort servieren.

Tipp:
Noch harmonischer schmeckt die Suppe, wenn man vor dem Servieren noch einige kalte Butterstücke hinzufügt, die Suppe mit dem Stabmixer schaumig rührt und auf jede Tasse ein Häubchen steifgeschlagenes Obers setzt.

Winzersektsuppe mit Flusskrebsen

Ein Rezept aus dem Burgenland

Zutaten

für 4–5 Portionen

400 ml Gemüsesuppe

300 ml Winzersekt

125 ml Schlagobers

3 Eidotter

1 Prise Rosenpaprikapulver

Salz

etwas Zucker

200 ml Schlagobers

zum Schlagen

125 ml Winzersekt

zum Vollenden

12–15 Flusskrebse

Zubereitung

■ Zunächst die Gemüsesuppe mit dem Winzersekt aufkochen. Inzwischen das Obers mit den Dottern gut verrühren. Dann die Hitze völlig reduzieren, Obers-Dotter-Mischung in die Suppe einrühren und die nicht mehr kochende Suppe damit binden. Mit Salz, Rosenpaprika und etwas Zucker abschmecken. Obers steifschlagen und mit dem Winzersekt ebenfalls knapp unter dem Siedepunkt in die Suppe einrühren. ■ Währenddessen die Krebse in Salzwasser ca. 2–3 Minuten lang kochen und auslösen. Ausgelöste Krebse in gut vorgewärmten Suppentellern anrichten und mit der Sektsuppe übergießen.

Jüdische Küchensprache

Der aus Eisenstadt gebürtige Gelehrte Aladar Alfred Ahron Fürst (1877–1950) beschäftigte sich in seinen Schriften unter anderem auch mit den kulinarischen Gebräuchen in den sieben jüdischen Gemeinden des Burgenlands. Dabei beobachtete er auch, dass man manche Speisen weniger wegen ihres Geschmacks als wegen ihres Namens zu sich nahm: Zum Neujahrsfest liebte man beispielsweise lange, feine Nudeln, damit das Neue Jahr lang und fein sei. Enten hingegen vermied man, damit das Leben im Neuen Jahr nicht enden möge. Dafür aß man gerne Fisch- und Geflügelköpfe, damit man zum Kopf und nicht zum Schwanz würde, also Karriere machte und nicht degradiert würde. Und schließlich servierten die jüdischen Mames auch Krauthäpteln („Hab") und Rüben („Möhren"), auf dass „Hab" und Gut sich „mehre". |

Klachelsuppe

Eine der – gar nicht so wenigen – steirischen Lieblingsspeisen

Zutaten

1 kg Schweinshaxen
(am besten vom Fleischhauer
bereits in Stücke gehackt)
1 Bund Suppengemüse
6–8 Wacholderbeeren
6–8 Pfefferkörner
1 Lorbeerblatt
½ Zwiebel
1 Prise Majoran
100 ml Crème fraîche
oder Sauerrahm
1 EL Mehl
1 Schuss Essig
Salz, Pfeffer

Zubereitung

■ Die Schweinshaxen unter fließendem Wasser waschen und in ausreichend kaltem Wasser (ca. 1,5 Liter) aufstellen. Suppengemüse, Wacholderbeeren, Pfefferkörner, Lorbeerblatt, Zwiebel sowie nach Belieben Majoran hinzufügen und alles so lange kochen, bis das Fleisch leicht vom Knochen zu lösen ist. Die Haxen herausheben, Fleisch auslösen und in mundgerechte Stücke schneiden. ■ Suppe abseihen und wieder aufkochen. Crème fraîche bzw. Sauerrahm mit dem Mehl glattrühren und vorsichtig in die Suppe geben, dabei kräftig mit dem Schneebesen rühren, damit sich keine Klümpchen bilden. Suppe auf die gewünschte Sämigkeit einkochen und abschließend mit einem Schuss Essig, Salz und Pfeffer abschmecken. Klein geschnittenes Fleisch wieder in die Suppe geben und nochmals kurz erwärmen. Fertige Klachelsuppe in vorgewärmten Tellern anrichten und auftragen.

Gulaschsuppe

Der wahre Nachfolger des ungarischen „Gulyás"

Zutaten

2 große weiße Zwiebeln
1 Knoblauchzehe
200 g durchzogener Speck
2 EL Butterschmalz
500 g mageres Rindfleisch
1 EL Mehl
1 Msp. Kümmel
1 KL getrockneter Majoran
25 g edelsüßes Paprikapulver
5 g scharfes Paprikapulver
1 EL Tomatenmark
2 l kräftige Rindsuppe
3–4 mittelgroße Erdäpfel
Salz
Cayennepfeffer

Zubereitung

■ Zwiebeln und Knoblauch sehr fein hacken. Speck kleinwürfelig schneiden. Butterschmalz in einem geeigneten Suppentopf erhitzen, Zwiebeln und Knoblauch darin anlaufen lassen, Speckwürfel und das in mundgerechte Würfel geschnittene Rindfleisch zu den Zwiebeln geben und alles auf kleiner bis mittlerer Flamme leicht goldbraun rösten. Überschüssiges Fett vorsichtig abgießen. Mit Mehl stauben und mit Kümmel und Majoran würzen. Alles gut durchrühren, den Topf vom Feuer nehmen. Edelsüßes und scharfes Paprikapulver gründlich unter das Fleisch und die Zwiebeln rühren, Tomatenmark einrühren und alles mit kochend heißer Rindsuppe aufgießen. ■ Topf wieder zurück auf die Herdplatte stellen und die Suppe auf kleiner Flamme leicht wallend rund 90 Minuten lang kochen lassen, bis das Rindfleisch zart und weich ist. 30 Minuten vor Ende der Garzeit die geschälten und kleinwürfelig geschnittenen Erdäpfel in die Suppe geben. Vor dem Servieren mit Salz und Cayennepfeffer abschmecken.

Beilagen und Zwischengerichte

Erdäpfelsalat mit Kernöl

Die steirische Variante des Wiener Salatklassikers

Zutaten

¾ kg speckige Erdäpfel
(Kipfler)
300 ml Rindsuppe
1 rote Zwiebel
5–6 EL Kürbiskernöl
4 EL Apfelessig
Salz, Pfeffer
frische Kräuter
(Brunnenkresse, Schnitt-
lauch etc.) zum Bestreuen

Zubereitung

■ Erdäpfel in der Schale weichkochen, abseihen, noch heiß schälen
und in dünne Scheiben schneiden und
mit der lauwarmen Rindsuppe vermengen (am besten die Erdäpfel direkt
in die lauwarme Suppe hineinschnei-
den, wodurch sie nicht aneinander
kleben bleiben). ■ Zwiebel klein hacken
und mit Kürbiskernöl, Essig, Salz und
Pfeffer zu einer Marinade verrühren.
Marinade unter die Erdäpfel mengen
und den Salat so lange rühren, bis
er sämig geworden ist. Mit einer Klarsichtfolie abdecken und 1 Stunde
ziehen lassen. ■ Vor dem Servieren
mit frisch gehackten Kräutern garnieren. Der Erdäpfelsalat sollte auf
keinen Fall eiskalt sein, darf aber ruhig
noch lauwarm gegessen werden.

Tipp:
Wenn Sie den Salat zu einer möglicherweise ohnehin schon recht üppigen Speise
– etwa einem steirischen Backhendl – servieren, reduzieren Sie den Erdäpfelsalat
um die Hälfte und mischen statt dessen frischen Vogerlsalat darunter.

Grießplatteln

Eine klassische Tiroler Sättigungsbeilage

Zutaten
500 ml Milch
3 EL Butter
Salz
geriebene Muskatnuss
100 g Weizengrieß
Mehl, Ei und Semmelbrösel
für die Panade
reichlich Butterschmalz
zum Herausbacken

Zubereitung
■ Milch, Butter, Salz, Muskatnuss und Weizengrieß zu einem dicklichen Brei einkochen und überkühlen lassen. Den noch lauwarmen Teig daumendick auf eine Arbeitsplatte streichen und kalt stellen. ■ Runde Laibchen ausstechen und diese in Mehl, Ei und Semmelbröseln panieren. In heißem Butterschmalz herausbacken.

Türkenriebel

Sterz auf Vorarlbergerisch

Zutaten
400 ml Milch
ca. 400 ml Wasser
2 EL Butter
Salz
250 g Polenta (Maisgrieß oder Maismehl)
150 g Butterschmalz

Zubereitung
■ In einem Topf Milch, Wasser, Butter und eine Prise Salz zum Kochen bringen. Polenta einrieseln lassen und so lange kochen, bis sich die Masse von der Pfanne löst. Abkühlen lassen. ■ In einer Pfanne Butterschmalz erhitzen und den Riebel mindestens $\frac{1}{2}$ Stunde unter kräftigem Rühren und Wenden knusprig braten.

Tipp:
Die richtige Zubereitung eines Riebels erfordert sehr viel Gefühl und Geduld. Auf jeden Fall sollte man mit Schmalz keinesfalls zu sparsam umgehen, da der Riebel sonst zu trocken gerät. In Kombination mit Kompott wird der Riebel auch gerne als Dessert serviert.

Frigga

Die Kärntner Spielart des berühmten friulischen
Bergbauern- und Holzfällergerichts „Frico"

Zutaten

600 ml Wasser
Salz
4 EL Butter
300 g grober Maisgrieß
360 g gut durchzogener
Kärntner Bauernspeck
1 weiße Zwiebel
250 g geriebener Gailtaler
Almkäse oder Bergkäse
6 Eier

Zubereitung

■ In einem geeigneten Topf Salzwasser zum Kochen bringen, Butter
darin auflösen und den Maisgrieß
strahlförmig einrieseln lassen. Hitze
reduzieren und weiterköcheln lassen,
bis alle Flüssigkeit aufgesogen ist.
Dann den Topf zudecken, ins auf
150 °C vorgeheizte Backrohr geben
und etwa 10–15 Minuten ziehen lassen.
Währenddessen die Masse mehrmals
mit einer Gabel auflockern und wenden.
■ Inzwischen in einer Pfanne mit
möglichst schwerem Boden den kleinwürfelig geschnittenen Speck glasig
anschwitzen. Sobald sich das Fett ab-
zusetzen beginnt, die fein gehackte
Zwiebel dazugeben und kurz anziehen
lassen. Alles mit Reibkäse bestreuen
und gut durchrühren. Die leicht verquirlten Eier darüberschlagen und
unter ständigem Rühren garen, bis sie
stocken und eine omelettartige Masse
entstanden ist. Diese stürzen und
vierteln. ■ Auf heißen Tellern in der
Mitte jeweils eine Portion Maisgrieß
anrichten und darauf die Speck-Käse-
Viertel verteilen.

Erdäpfelpüree

Ein Rezept von Meisterköchin Lisl Wagner-Bacher
aus Mautern in der Wachau

Zutaten

600 g mehlige Erdäpfel
250 ml lauwarme Milch
70 g Butter
Salz
frisch geriebene Muskatnuss

Zubereitung

■ Erdäpfel ohne Schale sehr weichkochen, abseihen, kurz auskühlen
lassen und in noch heißem Zustand
durch die Erdäpfelpresse drücken.
Die warme Milch mit der darin aufge-
lösten Butter einrühren und mit Salz
und Muskatnuss würzen.

Grammelschmarren

Ein klassisches Rezept aus der niederösterreichischen Bauernküche

Zutaten

250 g mehlige Erdäpfel
50 g Zwiebel
1 TL Majoran
1 Msp. gemahlener Kümmel
100 g möglichst frisch
ausgelassene Grammeln
(Grieben)
Salz
Butter zum Anschwitzen
Pfeffer

Zubereitung

■ Erdäpfel in Salzwasser kochen,
schälen und mit einem Reibeisen fein
raspeln. Die Zwiebel fein schneiden.
Butter in einer schweren Pfanne
erhitzen. Geraspelte Erdäpfel mit der
Zwiebel goldgelb anrösten, mit Salz,
Pfeffer, Majoran und Kümmel würzen.
Heiße Grammeln daruntermischen
und den Schmarren unter stetigem
Wenden rösten.

Tipp:
Als Beilage kann man kleinere Portionen des Schmarrens auch in mit Wasser
ausgespülte Förmchen streichen und dann stürzen.

Blaukrautstrudel mit Schwarzwurzeln

Ein Winterrezept von Andrea Bergbaur aus dem
Gasthof Jagasimmerl im oberösterreichischen Almtal

Zutaten

1 Pkg. Blätterteig
1 kleiner Blaukrautkopf
1 kleine Zwiebel, fein gehackt
150 g klein gewürfelter
Bauchspeck
125 ml Rotwein
1 EL Kristallzucker
1 Msp. gemahlener Kümmel
1 EL Butterschmalz
600 g Schwarzwurzeln
1 EL Butter
1 EL Semmelbrösel
Ei zum Bestreichen
Wasser
Zitrone
Mehl

Zubereitung

■ Schwarzwurzeln mit Handschuhen schälen, in ca. 3 cm lange Stücke schneiden und in Zitronenwasser (mit etwas Mehl) legen. In Salzwasser bissfest kochen, abseihen. Zur Fertigstellung Butter schmelzen, Schwarzwurzeln und Semmelbrösel zugeben und kurz rösten, bis die Semmelbrösel knusprig sind, eventuell nachsalzen. ■ Blaukraut hobeln, Butterschmalz erhitzen, Zwiebel und Speck hell rösten, Zucker dazugeben, kurz durchrösten, mit Wein ablöschen, Kraut zugeben, mit Salz und Kümmel würzen, gut durchmischen und das Kraut bissfest dünsten. (Es soll die ganze Flüssigkeit verdunsten.) Kurz überkühlen lassen. ■ Blätterteig ausrollen und mit dem Blaukraut im unteren Drittel belegen, einrollen, auf ein gefettetes Blech setzen und mit verquirltem Ei bestreichen. Im auf 200 °C vorgeheizten Rohr ca. 15–20 Minuten goldgelb backen.

Kässpätzle

Zutaten
für 4–5 Portionen
500 g Mehl
2–3 Eier
1 Prise Salz
ca. 300 ml Wasser
Butter für die Form
200 g geriebener Räßkäse
oder anderer würziger
Schnittkäse
2 EL Butterschmalz
1–2 Zwiebeln

Zubereitung

■ In einer Schüssel das Mehl mit den Eiern, einer Prise Salz und so viel Wasser vermengen, dass ein kompakter Teig entsteht. In einem großen Topf ausreichend viel Salzwasser zum Kochen bringen. Den Teig mit einem Knöpfle- oder Spätzlehobel portionsweise direkt ins heiße Wasser hobeln, in leicht wallendem Wasser kochen, bis sie an der Oberfläche schwimmen. Spätzle mit einem Schaumlöffel herausheben, kalt abschrecken, abtropfen lassen und die restlichen Spätzle kochen. ■ Eine feuerfeste Form mit Butter ausstreichen, die Spätzle abwechselnd mit dem geriebenen Käse einfüllen und für einige Minuten im vorgeheizten Backrohr warm stellen.

■ Währenddessen in einer Pfanne das Butterschmalz erhitzen und die in Streifen geschnittenen Zwiebeln darin goldbraun anrösten. Sobald der Käse geschmolzen ist und Fäden zieht, Form herausnehmen, Spätzle mit den goldbraunen Zwiebeln belegen und auftragen. Dazu serviert man Erdäpfel- oder frischen Blattsalat.

Greane Hunte

Die Tiroler Antwort auf Italiens grüne Nudeln

Zutaten

80 g blanchierter und
sehr fein passierter Spinat
300 g gemischtes Mehl
80 ml Sauerrahm
2 Eidotter
1 Ei
Salz
125 ml Obers
1 KL Tomatenmark
200 g Bergkäse
50 g Ziegerkäse
Salz, Pfeffer
Muskatnuss

Zubereitung

■ Den Spinat mit Mehl, Ei, Eidottern, Sauerrahm und Salz zu einem glatten Teig verrühren. Den Teig durch einen Spätzlehobel in kochendes Salzwasser drücken, kurz aufkochen, abseihen und abtropfen lassen. ■ Obers in einer (idealerweise gusseisernen) Stielpfanne aufkochen, Tomatenmark einrühren, die Nockerl dazugeben und mit geriebenem Berg- und Ziegerkäse bestreuen. Käse anschmelzen lassen, die Hunte mit Salz, Pfeffer und Muskatnuss abschmecken und in der Stielpfanne heiß servieren. Als Beilage empfiehlt sich Tomatensalat.

Ganz schön räß

Neben dem Schmelz- und dem Bergkäse sind es vor allem der Emmentaler und – last, but not least – der Räßkäse, die als typische Vertreter der Vorarlberger Milchwirtschaft gelten dürfen. Letzterer ist ein klassischer Schnittkäse und wird als regionale Spezialität ähnlich wie gepresster Tilsiter hergestellt. Nach dem „Räßen" – dem Schmieren und der Behandlung in speziellen Sulzen – reift dieser Käse vier Monate lang aus.
Das Wörtchen „räß" bezieht sich auf den leicht scharfen, pikanten und rezenten Geschmack dieser Käsesorte, die nur aus Milch allerbester Qualität hergestellt werden kann und überdies unentbehrlicher Bestandteil eines Vorarlberger Nationalgerichts ist: Für die berühmten „Kässpätzle" (so sagt man im Rheintal) oder „Käsknöpfle" (so heißt dasselbe Gericht im Bregenzerwald) werden üblicherweise alle drei „großen" Vorarlberger vermischt: Bergkäse, Surakas und Räßkäse. |

Pinzgauer Kasnocken

Der Nockerl-Klassiker aus dem Salzburger Land

Zutaten

Für die Nockerl:

400 g Mehl
Salz
60 g Butter
2 Eier
250 ml Milch

Für die Fertigstellung:

20 g Butter oder
Butterschmalz
½ Stange Lauch
125 ml Schlagobers
250 g Pinzgauer Bergkäse
Pfeffer
Muskatnuss
1 EL klein gehackter
Schnittlauch

Zubereitung

■ Aus Mehl, Salz, Butter, Eiern und Milch einen festen Nockerlteig rühren und diesen mehrmals auf einer Arbeitsplatte abschlagen. Zwei Löffel mit Wasser benetzen und mit diesen aus dem Teig kleine Nocken stechen. Salzwasser zum Kochen bringen, Nocken einlegen und kochen, bis sie an die Oberfläche aufsteigen. Nocken abseihen und gut abtropfen lassen.

■ In der Zwischenzeit den klein geschnittenen Lauch in Butterschmalz weichdünsten, mit Obers aufgießen und den kleinwürfelig geschnittenen Käse darin schmelzen. Mit frisch geschrotetem Pfeffer und etwas geriebener Muskatnuss abschmecken, mit den Nockerln vermischen und mit Schnittlauch bestreut servieren. Dazu passt grüner Salat.

Erdäpfelpaunzen

Das Rezept für diese köstliche Beilage stammt aus dem Tiroler Unterinntal. Erdäpfelpaunzen eignen sich hervorragend als Beilage zu knusprigen Bratenstücken und feinen Wildgerichten.

Zutaten

600 g Erdäpfel
200 g Mehl
1 Ei, Salz
1 Prise Muskatnuss
reichlich Butterschmalz
zum Ausbacken
flüssige Butter zum
Beträufeln oder
125 ml Sauerrahm zum
Garnieren

Zubereitung

■ Die gekochten, geschälten und durch ein Sieb gedrückten Erdäpfel mit Ei, Mehl, Salz und Muskatnuss zu einem lockeren Teig verkneten und daraus Paunzen formen. Dafür zuerst daumendicke Rollen formen und davon mit einem befeuchteten Messer ca. 2–3 cm lange Rollen abschneiden.

■ Die gut bemehlten Paunzen in heißem Butterschmalz rundherum bräunen (ein Vorgang, den man am besten portionsweise macht, weil nicht alle Paunzen in einer Pfanne Platz haben). Die fertigen Paunzen mit flüssiger Butter beträufeln oder mit Sauerrahm garnieren. Mit Buttermilch, Sauerrahm oder Joghurt sowie kaltem Sauerkraut servieren.

Tipp:
Mit Zucker bestreut und mit Kompott serviert, ergeben die Erdäpfelpaunzen auch ein süßes Hauptgericht oder eine Nachspeise.

Hechtnockerl in Rieslingsauce

Dieses klassische Rezept aus der Wiener Küche wurde durch Edeltraud Jamek aus der niederösterreichischen Ortschaft Joching zum „Wachauer Klassiker" – selbstverständlich mit Wein aus der Wachau zubereitet.

Zutaten

1 Hecht von ca. 500 g
1 Bund Wurzelwerk
1 Lorbeerblatt
1 Gewürznelke
6 Pfefferkörner
100 ml trockener Weißwein
Salz
20 g Butter
20 g Mehl
3 EL Milch
2 Eiklar
1 Msp. Sardellenpaste
1 Prise Kerbel
125 ml Schlagobers

Für die Rieslingsauce:

250 ml Hechtfond
100 ml Riesling
100 ml Schlagobers
2 EL Crème fraîche oder Sauerrahm
2 Eidotter
Salz, weißer Pfeffer aus der Mühle
Petersilie zum Bestreuen

Zubereitung

■ Den Hecht mit einem scharfen Filetiermesser auslösen und die ausgelösten Fischfilets entweder im Mörser zerstampfen oder in der Küchenmaschine fein cuttern, wodurch die kleinen Gräten zerkleinert werden. Die Hechtkarkassen (Gräten etc.) samt Kopf und Flossen mit Wurzelwerk, Lorbeerblatt, Gewürznelke, Pfefferkörnern, Weißwein und Salz in kaltem Wasser ansetzen, aufkochen und mindestens ½ Stunde langsam zu einem kraftvollen Fischsud einköcheln lassen. ■ Aus Butter und Mehl eine lichte Einbrenn zubereiten, mit etwas Milch aufgießen und dann vorsichtig mit der Fischmasse und dem Eiklar vermengen, mit Sardellenpaste, Salz und Kerbel abschmecken und die Masse gut durchrühren, bis sie sämig wird. Wenn sie anzuziehen beginnt, Schlagobers langsam einrühren. Wenn die Masse flockt, noch einen Schuss Fischfond dazugeben. Mit zwei in Wasser getauchten Löffeln kleine Nockerl stechen und diese im abgeseihten, erhitzten Hechtfond 5–6 Minuten ziehen lassen.

■ Für die Rieslingsauce abgeseihten Fischfond mit Riesling stark einkochen, Obers und Crème fraîche bzw. Sauerrahm mit Eidotter versprudeln und möglichst abseits der Herdplatte mit dem Schneebesen in den Fond einrühren. Wieder bis knapp unter dem Siedepunkt erhitzen und sämig werden lassen (Vorsicht: Die Sauce darf dabei nicht kochen, sonst gerinnt sie!). Mit Salz und Pfeffer abschmecken. Die Hechtnockerl auf eine vorgewärmte Platte setzen mit der Rieslingsauce überziehen, eventuell mit etwas kleingehackter Petersilie bestreuen. Als Beilage empfehlen sich Salzerdäpfel.

Tipp:
Wenn Sie sich die mühsame Arbeit des Hechtauslösens sparen wollen, können Sie die Fischnockerl auch mit ausgelösten Filets (z.B. von der Regenbogenforelle) zubereiten.

Tiroler Knödel

Die „speckige" Antwort auf den böhmisch-wienerischen Semmelknödel

Zutaten

für 10 Knödel

350 g Knödelbrot

200 ml Milch

4 Eier

20 g Butter

100 g leicht durchzogener
Tiroler Speck

100 g Bergsteigerwurst oder
Kaminwurzen

1 kleine, fein gehackte Zwiebel

1 KL fein gehackte Petersilie

1 KL fein gehackter
Schnittlauch

80 g Mehl

Salz

Muskatnuss

2 EL fein gehackter
Schnittlauch

Zubereitung

■ Knödelbrot mit Milch und Eiern versprudeln und 20–30 Minuten ziehen lassen. Kleinwürfelig geschnittenen Speck und fein gewiegte Bergsteigerwurst bzw. Kaminwurzen in zerlassener Butter gemeinsam mit Zwiebel, Petersilie und Schnittlauch anbraten und mit Salz und Muskatnuss abschmecken. Mehl darüberstreuen und aus allen Zutaten eine kompakte, aber nicht zu feuchte Masse kneten. ■ Mit befeuchteten Händen 11 Knödel daraus formen. Einen davon als „Probeknödel" in Salzwasser knappe 15 Minuten kochen. Hat der Probeknödel eine zu weiche Konsistenz, noch etwas Mehl unter die Knödelmasse kneten. Erst wenn die Masse kompakt genug ist, werden die restlichen zehn Knödel gekocht.

Tipp:
Über die richtige Art, Tiroler Knödel zu essen, scheiden sich die Küchengeister zwischen Kufstein und Salurner Klause. Ein Kompromiss könnte so aussehen, wie es ein altes Tiroler Sprichwort besagt: Die ersten Knödel, die aufsteigen, isst man in der Suppe, die nächsten mit Sauerkraut, die nächsten zu Eingemachtem und die letzten zum Salat. Und so rotieren die Tiroler Knödel ohne Ende …

Erdäpfelknödel

Ein Rezept aus dem oberösterreichischen Hausruckviertel

Zutaten

1 kg mehlige Erdäpfel
3 Eier
5 EL Mehl
Salz
1 Prise Zucker
1 Prise geriebene Muskatnuss
1 Semmel
1 EL Butter

Zubereitung

■ Die Erdäpfel am Vortag kochen, über Nacht stehen lassen, dann schälen und mit einem Reibeisen reiben oder durch ein Sieb pressen. Erdäpfelmasse mit Eiern und Mehl vermischen, den Teig mit Salz, Zucker und Muskatnuss würzen und so lange kneten, bis er sich von der Schüssel löst. ■ Die kleinwürfelig geschnittene Semmel in heißer Butter anrösten. Aus dem Teig Knödel formen und in jeden davon etwas von den Semmelwürfeln einarbeiten. Knödel in kochendes Salzwasser einlegen und so lange kochen, bis sie aufsteigen.

Chäsknödel

Ein Vorarlberger Rezept aus der Umgebung von Bludenz

Zutaten

500 g Knödelbrot
ca. 200 ml Milch
3 EL Crème fraîche oder
Sauerrahm
2 Eier
Salz, Pfeffer aus der Mühle
2–3 mehlige gekochte
Erdäpfel
50 g Mehl
100 g milder Schnittkäse
(etwa Tilsiter)
100 g gekochtes Geselchtes
oder Rauchschinken
Butterschmalz
2 EL frisch gehackte
Petersilie

Zubereitung

■ In einer Schüssel das Knödelbrot mit Milch, Crème fraîche bzw. Sauerrahm, Eiern, Salz und Pfeffer vermengen und kurz ziehen lassen. Erdäpfel kochen, in noch warmem Zustand passieren oder mit einer Gabel zerdrücken und gemeinsam mit dem Mehl untermengen. Käse und Rauchschinken kleinwürfelig schneiden und ebenfalls einarbeiten. Anschließend nochmals abschmecken. ■ In einem großen Topf Salzwasser zum Kochen bringen. Währenddessen mit feuchten Händen Knödel formen und diese dann leicht wallend 10–15 Minuten kochen, bis sie aufsteigen. Herausheben, abtropfen lassen und in heißem Butterschmalz schwenken. Vor dem Servieren noch mit frischer Petersilie bestreuen. Dazu serviert man frischen Blattsalat mit Speckkrusteln.

Tipp:
Käsknödel können als kleines Zwischengericht, aber auch als schmackhafte Suppeneinlage serviert werden, wofür man allerdings die Knödel etwas kleiner formt.

Maroni-Erdäpfelknödel

Dieses Rezept stammt von Elisabeth Rennhofer vom
Gasthof Gallbrunner in Roseggers steirischer Waldheimat.

Zutaten

250 g mehlige Erdäpfel
80 g griffiges Mehl
1 Eidotter
Salz, Pfeffer
Muskatnuss
200 g gekochte, geschälte
und pürierte Maroni
reichlich Öl zum Ausbacken

Zubereitung

■ Die Erdäpfel kochen und noch heiß passieren. Dann rasch mit Mehl, Eidotter, Salz, Pfeffer und Muskat mischen und zu einem kompakten Teig kneten. Aus dem Maronipüree kleine Kugeln formen, mit dem Erdäpfelteig umhüllen, zu Knödeln formen und im heißen Öl goldgelb backen.

Tipp:
Diese Knödel sind eine ideale Beilage für Wildgerichte, schmecken aber auch, mit zerlassener Butter beträufelt und mit geriebenen Haselnüssen bestreut, als warme Vorspeise sehr gut.

Rote Rüben im Veltlinerteig mit Krensoß

Ein Rezept aus Niederösterreich von Ulli Jell, die von ihren Freunden auch „Wirtin Wundermild" genannt wird und in Krems eines der besten Wirtshäuser des Landes betreibt

Zutaten

16 kleine rote Rüben
125 ml Wasser
Saft von 1 Zitrone
2 EL brauner Zucker
1 Schuss Rotweinessig
Salz, Pfeffer
Saft von ½ Zitrone

Für den Veltlinerteig:

200 g Mehl
250 ml Weißwein
4 Eidotter, 4 Eiklar
2 TL Olivenöl
Salz

Für die Krensoß:

2 EL Mehl
2 EL Butter
250 ml Apfelsaft
125 ml Gemüsesuppe
1 Apfel
Kren
1 Prise Zucker
1 Schuss Weißweinessig
2 EL geschlagenes Obers
Salz, Pfeffer
Mehl zum Wenden
Öl zum Herausbacken
Kren zum Bestreuen

Zubereitung

■ Rote Rüben waschen und weichkochen (je nach Größe ½ bis 1 Stunde), anschließend schälen und halbieren. Aus warmem Wasser, Saft von 1 Zitrone, Zucker, Salz, Pfeffer und Rotweinessig einen Sud bereiten. Gekochte Rüben über Nacht oder einige Stunden darin einlegen. ■ Für den Backteig Mehl, Wein, Eidotter, Olivenöl und Salz zu einem dickflüssigen Teig verrühren. Eiklar zu Schnee schlagen und unter den Teig heben. Rüben aus dem Sud nehmen und mit Küchenpapier abtupfen, salzen und mit Zitrone beträufeln. In Mehl tauchen, durch den Backteig ziehen und im heißen Öl schwimmend knusprig backen. ■ Für die Krensoß aus Mehl und Butter eine helle Einbrenn zubereiten, mit Apfelsaft und Suppe aufgießen. Geschälten Apfel und frischen Kren fein reißen, zur Soß geben und kurz köcheln lassen. Mit Zucker, Salz, Pfeffer und einem Spritzer Weißweinessig würzen. Mit dem Stabmixer pürieren und mit Obers vollenden. Die gebackenen Rüben auf der Krensoß anrichten, mit frisch gerissenem Kren bestreuen.

Sauerkrautsoufflé mit Erdäpfelschaum

Ein Rezept von Conny Zahel aus dem gleichnamigen
Wiener Heurigen am Maurer Hauptplatz

Zutaten

1 Zwiebel

50 g Speck

250 g Sauerkraut

Wacholder

Lorbeer

Kümmel

Salz

Pfeffer

2 Eier

2 Eidotter

2 EL Béchamelsauce

etwas Reibkäse

1 EL Grammeln

1–2 kleine Erdäpfel

150 g Frühstücksspeck zum
Auslegen der Förmchen

3–4 mehlige Erdäpfel

Obers nach Bedarf

Zubereitung

■ Zwiebel fein schneiden und mit etwas kleinwürfelig geschnittenem Speck anrösten. Sauerkraut waschen, zu den Zwiebelwürfeln geben und mit Wacholder, Lorbeer, Kümmel, Salz und Pfeffer würzen. Sauerkraut dünsten, bis alle Flüssigkeit verkocht ist. ■ Die Eier trennen, das Eiklar zu Schnee schlagen. Schnee, alle Eidotter, Béchamelsauce, etwas Reibkäse, Grammeln sowie frisch gerissene rohe Erdäpfel unter das Sauerkraut mengen. Förmchen mit dünnen Speckstreifen auslegen, mit der Masse füllen und im auf 180 °C vorgeheizten Backrohr 20 Minuten lang backen. ■ Inzwischen mehlige Erdäpfel kochen, stampfen, salzen, pfeffern und mit so viel Obers aufmixen, dass ein sämiger Erdäpfelschaum entsteht. Gestürzte Soufflés auf heißen Tellern anrichten und mit Erdäpfelschaum begießen.

Hoadige Zipf mit Kräuterrahmsauce

Ein Rezept von Gerda Wachter-Wiesler, der Wirtin des
Restaurants Ratschen in der südburgenländischen Weinbaugemeinde
Deutsch-Schützen

Zutaten
für 8 Portionen

Für den Teig:

500 g feines Buchweizenmehl
(Heidenmehl, hoadiges Mehl)
200 g Weizenmehl, glatt
80 g weiches
Schweineschmalz
20 g Salz

Für die Topfenfülle:

750 g Bröseltopfen
4 Eier
Salz, wenig Pfeffer
Schweineschmalz
für das Backblech

Für die Kräuterrahmsauce:

2 Becher Sauerrahm
2 EL frische Kräuter
(Schnittlauch, Basilikum,
Petersilie)
1 Zehe Knoblauch
Salz

Zubereitung

■ Buchweizenmehl, Weizenmehl, Salz und Schweineschmalz in einem Gefäß vermengen. Dieser Mischung nach und nach kochend heißes Wasser zugießen, währenddessen laufend umrühren. Die Mischung mit Wasser solange binden, bis ein geschmeidiger Teig entsteht. Den Teig anschließend mit den Händen durchkneten (Vorsicht, sehr heiß) und in 2 gleich große Teile teilen. ■ Für die Fülle den Topfen mit den ganzen Eiern verrühren und die Masse mit Salz und einer Prise Pfeffer abschmecken. Ein Backblech mit Schweineschmalz befetten, eine Hälfte des Teiges auswalken, in das Blech legen und bei ca. 180 °C 8 Minuten vorbacken. Anschließend die Topfenfülle auf den überkühlten Teigstreichen, die zweite Hälfte des Teiges auswalken und auf die Topfenfülle legen. In die obere Teigplatte gleich große Quadrate oberflächlich einschneiden. Das Ganze mit zerlassenem Schweineschmalz bestreichen und im Rohr bei 180 °C ca. 20 Minuten knusprig backen. ■ Während der Backzeit den Sauerrahm mit den klein geschnittenen Kräutern und dem

zerdrückten Knoblauch vermengen.
Zum Schluss die Sauce mit etwas Salz
abschmecken. Nach ca. 20 Minuten
das Blech aus dem Rohr nehmen,
die Quadrate (Zipf) noch heiß ganz
durchschneiden. Je zwei Stück auf
einem Teller anrichten. Die Kräuterrahmsauce in einer kleinen Schüssel
zu den hoadigen Zipf reichen.

Auf den Spuren des Grünen Veltliners

*Wer heute Grünen Veltliner aus der Wachau trinkt oder mit ihm kocht, hat den
Eindruck, diese Rebsorte sei mit dem Wachauer Weinbau schon seit Jahrhunderten
gewachsen. Tatsächlich ist der Grüne Veltliner jedoch eine der jüngsten österreichischen Rebsorten und kam erst zu Beginn des 20. Jahrhunderts auf.
Ganz im Gegensatz zur Weinkultur selbst, die mit den römischen Legionären in
den önologisch bis dahin eher unterversorgten Donaulanden Einzug hielt: „Keine
Schenke ist hier in der Nähe, um dich mit Wein zu versorgen", klagte noch der Dichter
Horaz. Das sollte sich in der Provinz Ufer-Noricum allerdings schnell ändern. Bald
fanden sich „popinae" und „tavernae", wie die alten Römer ihre Kneipen und Schenken
nannten, auch entlang des Limes an der Donau und in der heutigen Wachau. Der
Wein wurde allerdings zunächst in Amphoren aus dem Süden importiert – und es war
möglicherweise ein Falerner, aber ganz sicher kein Grüner Veltliner. |*

Eachtlingplattln

Ein altes Bauernrezept aus Mauterndorf im Salzburger Lungau

Zutaten

1 kg gekochte, mehlige
Erdäpfel (Eachtling)
500 g Weizenmehl
250 g Magertopfen
2 Eier
3 KL Salz
250 ml Pflanzenöl
250 g Butterschmalz
500 g gekochtes Sauerkraut
2 EL Butter

Zubereitung

■ Die Erdäpfel noch in heißem
Zustand passieren, mit Weizenmehl
abbröseln, mit dem ausgedrückten
Topfen, den Eiern und dem Salz rasch
zu einem glatten Teig kneten. Daraus
eine Rolle formen und ca. 1 cm dicke
Scheiben abschneiden, diese mit
einem Nudelwalker zu Plattln von
ca. 3 mm Dicke auswalken. ■ Butterschmalz und Pflanzenöl in einer
großen Pfanne erhitzen und die
Plattln darin schwimmend goldgelb
herausbacken. Gekochtes Sauerkraut
mit Butter abschmalzen und mit
den auf Küchenkrepp gut abgetropften heißen Plattln servieren.

Maultaschen

Das Rezept aus dem Schwabenland ist auch in Vorarlberg sehr populär.

Zutaten

Für den Teig:

400 g Mehl

3 Eier

etwas Wasser

1 Prise Salz

Für die Fülle:

150 g nicht zu fetter Speck

200 g gekochtes diegenes
Fleisch (Geselchtes)

1 Semmel vom Vortag

Milch zum Weichen

3 Frühlingszwiebeln

1 EL Butterschmalz

2 EL Petersilie

200 g Bratwurstbrät

Salz, Pfeffer

1 Prise Muskatnuss

1 Ei nach Belieben

Eiklar zum Bestreichen

4 EL gehackter Speck
zum Garnieren

Butterschmalz zum Anrösten

gehackte Petersilie zum
Bestreuen

Tipp:
Maultaschen lassen sich auch
mit anderen Zutaten, etwa mit
Räucherspeck und Zwiebeln
oder Blattspinat und Frischkäse
auf vielfältigste Weise füllen.

Zubereitung

■ Aus Mehl, Eiern, etwas Wasser und einer Prise Salz zunächst einen festen Nudelteig kneten und diesen zugedeckt rasten lassen. ■ Für die Fülle den Speck sowie das Geselchte in feine Würfel schneiden oder faschieren. Die Semmel in Milch einweichen, ausdrücken. In einer kleinen Pfanne die gehackten Frühlingszwiebeln in etwas Butterschmalz rösten, Petersilie zugeben und kurz mitrösten. Nun alle Zutaten mit dem Brät vermengen, mit Salz, Pfeffer und Muskatnuss würzen und so lange abmischen, bis eine homogene Masse entsteht. Sollte sich die Masse nicht gut binden, noch ein Ei dazugeben. ■ Teig auf einer bemehlten Arbeitsfläche dünn auswalken, in gleichmäßige Rechtecke von etwa 10 mal 12 cm Kantenlänge schneiden. Auf jedes Teigstück etwas von der Fülle auftragen, Ränder mit Eiklar bestreichen, Taschen zusammenklappen und Enden fest andrücken. Salzwasser zum Kochen bringen, die Maultaschen vorsichtig einlegen und 8–10 Minuten leicht wallend kochen. Wieder herausheben und mit dem inzwischen in reichlich Butterschmalz angerösteten Speck bestreuen. Vor dem Servieren mit gehackter Petersilie bestreuen.

Die klassische Kärntner Nudel
(Grundrezept)

Das in Kärnten immer nur in der Einzahl erwähnte Gericht trägt seine Vermehrung gewissermaßen in sich. Wer „die Kärntner Nudel" sagt, meint selten nur eine, sondern mindestens zwei oder drei, oft sogar mehr Nudelteigtaschen.

Zutaten
für ca. 16 Nudeln
250 g glattes Mehl
1 Prise Salz
1 Ei
160 ml Wasser oder Milch
Butter- oder Grammelschmalz
nach Belieben zum Beträufeln

Zubereitung
■ Mehl, Salz, Ei und Wasser bzw. Milch gut vermengen und zu einem geschmeidigen, nicht allzu festen Nudelteig kneten. Den Teig in Alufolie einschlagen und ca. 1 Stunde lang rasten lassen. Danach mit dem Nudelwalker messerrückendick ausrollen und Kreise von 6–8 cm Durchmesser ausstechen, die groß genug sind, dass man die jeweilige, zu kleinen Kugeln geformte Fülle draufsetzen und den Teig darüber taschenartig übereinanderschlagen kann, und zwar so, dass die Fülle voll damit bedeckt ist und noch ein ca. 1 cm breiter Rand für die Verzierung bleibt. Diesen Rand gut zusammendrücken und dann mit einem Teigrad zu einer möglichst gleichmäßigen Halbmondform ausradeln. Je nach Geschick den Rand dann mit Daumen und Zeigefinger möglichst dekorativ und wellenförmig „krendeln". ■ In der Zwischenzeit reichlich Salzwasser zum Kochen bringen, Nudelteigtaschen hineingeben und auf kleiner Flamme etwa 10 Minuten ziehen lassen. Dazwischen

Tipp:
Wenn man das Ei weglässt, wird der Teig weicher und lässt sich besser „krendeln".

manchmal vorsichtig umrühren, damit sich keine Nudel am Topfboden oder an der Wand ansetzen kann. Danach die Nudel mit einem Knödelheber aus dem Wasser nehmen, auf vorgewärmten Tellern anrichten und vor dem Servieren, je nach Art der Fülle, mit zerlassenem Butter- oder Grammelschmalz oder auch mit ausgelassenen Speckwürferln übergießen.

Die Ravioli des Nordens

Die sogenannte Kärntner Nudel – und insbesondere die köstliche Kasnudel – ist in den letzten Jahrzehnten zu einer Art Wahrzeichen der Kärntner Küche geworden, die alle Attacken neuerer und älterer Essmoden überraschend unbeschadet überstanden hat. Und selbst in Zeiten zunehmender Emanzipation erinnert man sich in Kärnten immer noch an die alte Hausfrauenweisheit: „A Kärntnerin, die wos net krendeln konn, die kriagt kan Monn." Unter der Kunst des „Krendelns" versteht man nämlich jene Fähigkeit, den fast ornamentalen Rillenrand der berühmten Nudel mit flinken Fingern, gewissermaßen aus dem Handgelenk heraus, auf optimale Weise zu formen. |

Kärntner Kasnudel

Die populärste aller Kärntner Nudeln

Zutaten

Für den Nudelteig:

250 g glattes Mehl
1 Prise Salz
1 Ei
160 ml Wasser oder Milch

Für die Fülle:

250 g mehlige Erdäpfel
500 g Kärntner Bröseltopfen
(ersatzweise Hüttenkäse)
125 ml Sauerrahm
80 g Butter
2 Eier
2 EL gemischte Kräuter
(Petersilie, Minze, Kerbel)
1 KL fein gehackter Lauch
Salz

Zubereitung

■ Den Nudelteig wie im Grundrezept für die Kärntner Nudel beschrieben herstellen. ■ Erdäpfel kochen, schälen, passieren und mit den übrigen Zutaten für die Fülle zu einer gut knetbaren, geschmeidigen Farce verrühren.
Aus dieser Masse kleine Kugeln formen und weiter wie im Grundrezept beschrieben verfahren.

Kärntner Eierschwammerlnudel

Die duftigste aller Kärntner Nudeln

Zutaten

Für den Nudelteig:

250 g glattes Mehl
1 Prise Salz
1 Ei
160 ml Wasser oder Milch

Für die Fülle:

500 g Eierschwammerl
1 Ei
2 EL Mascarpone
2 EL Semmelbrösel
2 EL fein gehackte Petersilie
Salz, Pfeffer

Zubereitung

■ Den Nudelteig wie im Grundrezept für die Kärntner Nudel beschrieben herstellen. ■ Die Eierschwammerl gründlich mit einem feuchten Tuch reinigen (aber nicht waschen) und dann entweder sehr fein hacken oder im Blitzcutter zerkleinern. Mit Ei, Mascarpone, Semmelbröseln und Petersilie vermengen, mit Salz und Pfeffer würzen und aus der Masse kleine Bällchen formen. Weiter wie im Grundrezept für Kärntner Nudel verfahren.

Tipp:
Wenn gerade nicht Eierschwammerlsaison ist oder sie noch zu teuer sind, kann man auch Champignons oder Austernpilze verwenden. Man kann auch eine fein gehackte Zwiebel mit etwas fein gehacktem Speck oder Schinken in Butter anrösten und unter die Schwammerl mischen.

Schlutzer

Das auch als Schlutz- oder Schlipfkrapfen bekannte Gericht
ist ein Klassiker der Tiroler Bergbauernküche.

Zutaten

Für den Teig:

400 g Roggen- und
Weizenmehl gemischt

1 EL Pflanzenöl

1 EL Obers

2 Eier

Salz

Für die Fülle:

200 g Schotten (Topfen)

60 g Butter

2 Eidotter

1 Erdapfel

200 g Blattspinat

1 Schalotte

1 Prise Muskatnuss

Salz, Pfeffer

1 verquirltes Ei

4 EL braune Butter und

2 EL geriebener Bergkäse

zum Garnieren

Zubereitung

■ Aus Teigzutaten einen kompakten
Teig kneten und etwa 20 Minuten
lang rasten lassen. ■ Erdapfel kochen
und passieren und den ebenfalls fein
gehackten Blattspinat mit gehackten
Zwiebeln in etwas Butter leicht anrösten. Erdapfel, Spinat und Zwiebel
mit restlicher (zimmerwarmer) Butter,
Schotten und Eidottern zu einer Fülle
abmischen und fein abschmecken.

■ Den Teig dünn ausrollen, Kreise von
6 cm Durchmesser ausstechen und
mit verquirltem Ei bestreichen. Auf
die Hälfte der Teigblätter jeweils ein
Häufchen Fülle setzen. Dann die restlichen Teigblätter draufsetzen und
jeden der Schlutzer mit den Daumen
gut festdrücken. Schlutzer in kochendem Salzwasser 7–8 Minuten kochen.
Mit Reibkäse bestreuen und mit reichlich brauner Butter übergießen.

Süßmost-Krautfleckerl

Ein Rezept aus dem oberösterreichischen Mostlandl
rund um St. Florian

Zutaten

**Für den hausgemachten
Fleckerlteig:**

300 g glattes Mehl
1 Ei
125 ml Wasser
2 EL Maiskeim- oder Rapsöl
Salz
1 EL Mehl zum Bestreuen

Zum Fertigstellen:

800 g Weißkraut
1 mittelgroße weiße Zwiebel
80 g Butterschmalz
80 ml Süßmost
1 EL Kristallzucker
Salz
250 ml kräftige Rindsuppe
1 Prise Kümmel
Pfeffer

Zubereitung

■ Für die Fleckerl zunächst das Mehl mit Ei, Wasser, Öl und Salz zu einem glatten Teig verarbeiten, diesen in Alufolie einschlagen und an einem warmen Ort rasten lassen. ■ Vom gut geputzten Kraut den Strunk entfernen und den Krautkopf mit einem scharfen Messer in Würfel von etwa daumenbreiter Kantenlänge schneiden. Die geschälte Zwiebel ebenfalls fein hacken und in Butterschmalz anrösten, mit Süßmost ablöschen und, nachdem dieser von den Zwiebeln voll aufgesogen wurde, mit Zucker karamellisieren. Jetzt erst das Kraut hinzufügen, salzen und unter ständigem Schütteln der Pfanne und häufigem Wenden mitrösten. Das Kraut darf dabei jedoch nicht bräunen. Wenn das Kraut bereits etwas glasig geworden ist, die Suppe dazugießen, mit Kümmel und Pfeffer würzen und etwa eine ½ Stunde lang dünsten, bis es kernweich ist. ■ In der Zwischenzeit den Nudelteig auf einer bemehlten Arbeitsfläche dünn auswalken und ihn in kleine „Fleckerl" schneiden. Der Teig schmeckt allerdings genauso gut, wenn man die „Fleckerl" von Hand abzupft, wobei es sich empfiehlt,

Die Küche der österreichischen Regionen

die Finger mehrmals zu bemehlen.
Die fertigen „Fleckerl" in kochendem
Salzwasser etwa 4 Minuten kochen,
mit kaltem Wasser abschrecken und
abseihen, dann gründlich unter
das Kraut mischen und nach einem
weiteren Abschmecken mit Salz,
Pfeffer und Kümmel heiß servieren.

Mostarrichi

So wird das Mostviertel, in dem auch die aus dem Jahre 996 stammende Ostarrichi-Urkunde gefunden wurde, gerne genannt. Most wird in vielen Gegenden Niederösterreichs, unter anderem auch im Wienerwald und in der Semmering-Region, gerne getrunken. Zu den bekanntesten Mostsorten zählen neben dem alkoholfreien Süßmost der erfrischend-säurereiche Apfelmost, der spritzig-liebliche Birnenmost, der süffige Mischlingsmost und der edle Mostsekt, ein nach der klassischen Champagner-Methode versekteter Birnenmost. |

Grenadiermarsch

Dieses bekannte Alt-Wiener Gericht verdankt seinen Ursprung der Soldatenverpflegung bei der k. u. k. Armee, trat aber schon bald darauf seinen Siegeszug durch die Hausfrauenküchen an.

Zutaten

400 g Erdäpfeln
200 g Teigwaren (Fleckerl, Spiralen, Bandnudeln o.Ä.)
2 EL Schweine- oder Butterschmalz
50 g Frühstücksspeck im Ganzen
100 g Extrawurst oder Leberkäse im Ganzen
1 fein gehackte Zwiebel
Salz
Pfeffer
1 TL Majoran
1 Msp. Paprikapulver (nach Belieben)
1 EL fein gehackte Petersilie

Zubereitung

■ Erdäpfel waschen, mit der Schale in Salzwasser kochen, Schale vorsichtig abziehen, die Erdäpfel in ganz dünne Scheiben schneiden und beiseite stellen. In einem anderen Topf die Teigwaren bissfest kochen, kalt abschrecken und ebenfalls beiseite stellen. ■ In einer Pfanne das Schmalz zerlassen, würfelig geschnittenen Speck und Extrawurstwürfel darin anrösten, die fein gehackte Zwiebel hinzufügen und goldgelb rösten. Dann zunächst die Erdäpfelscheiben hineingeben und beidseitig goldbraun rösten. Erst am Schluss die Teigwaren unterheben und alles mit Salz, Pfeffer, Majoran und eventuell auch etwas Paprika würzen. Mit Petersilie bestreut servieren.

Tipp:
Statt in der Pfanne kann der Grenadiermarsch auch im auf 220 °C vorgeheizten Backrohr 10–15 Minuten gratiniert werden. Besonders wohlschmeckend und noch etwas saftiger gerät der Grenadiermarsch, wenn man vor dem Servieren noch zwei bis drei Eier darüberschlägt und diese unter ständigem Rühren kurz stocken lässt.

Schwammerlgulasch

Ein Rezept aus Luising im südlichen Burgenland

Zutaten

1 EL Schmalz
1 EL klein gewürfelter
Selchspeck
2 fein gehackte große
Zwiebeln
500 g gemischte frische Pilze
(geputzt und mundgerecht
geschnitten)
1 KL Paprikapulver, edelsüß
100 ml Rind- oder
Gemüsesuppe
1 Knoblauchzehe, zerdrückt
1 Prise gemahlener Kümmel
2 EL Tomatenmark
200 ml Sauerrahm
1 KL Maisstärke

Zubereitung

■ Speckwürfel in Schmalz anlaufen lassen, Zwiebeln hinzufügen und goldgelb rösten. Schwammerl kurz mitrösten, mit Paprika bestreuen, mit Suppe aufgießen. Mit Knoblauchzehe, Kümmel und Tomatenmark abschmecken und flott weiterdünsten, bis die Flüssigkeit fast verdampft ist. ■ Den mit Maisstärke gut versprudelten Sauerrahm angießen und auf kleinster Flamme noch etwa 1–2 Minuten lang durchziehen lassen.

Süßwasserfischgröstl

Ein Rezept vom Salzburger Mattsee

Zutaten

750 g gemischte
Süßwasserfischfilets
(Reinanke, Zander, Waller,
Forelle, Lachsforelle)
5 EL Mehl
Butterschmalz zum
Ausbacken
1 in Ringe geschnittene
Zwiebel
100 g gekochte Erdäpfel
100 g kleinwürfelig
geschnittener Speck
3 EL Butter
1 Schuss Zitronensaft
2 EL fein gehackte Petersilie
Salz und Pfeffer aus der
Mühle

Zubereitung

■ Die Fischfilets entgräten, in Streifen von etwa 1 cm Dicke schneiden, zart salzen und gründlich in Mehl wälzen. Fischstreifen in ein Küchensieb geben und das überschüssige Mehl abschütteln. ■ In einer Pfanne daumenhoch Butterschmalz stark erhitzen und die bemehlten Fischstreifen goldbraun herausbacken. Fische aus dem Fett heben und warm stellen. Den Großteil des Fetts abgießen. ■ Zwiebelringe im Rest gut anbräunen, dann die in Scheiben geschnittenen, gekochten Erdäpfel sowie die Speckwürfel allseitig gut anbraten. Fische wieder zurück in die Pfanne geben, 1–2 Minuten mitbraten, alles mit Salz und Pfeffer abschmecken. ■ In einer kleinen Kasserolle Butter auf kleinster Flamme schmelzen und mit Zitronensaft und Petersilie abschmecken. Über das Gröstl gießen und heiß servieren.

Tiroler Gröstl

Der Klassiker der gehobenen Restlverwertung

Zutaten

6 vorgekochte Erdäpfel
200 g Schweinsbratenreste
200 g gekochtes Rindfleisch
1 EL Schweineschmalz
1 EL Butter
1 Zwiebel
Salz, Pfeffer
Bratensaft

Zubereitung

■ Die gekochten Erdäpfel schälen und in dünne Scheiben schneiden. Schweinsbraten- und Rindfleischreste blättrig und Zwiebel feinnudelig schneiden. Schmalz und Butter in einer Pfanne erhitzen, Zwiebelstreifen darin hellgelb anrösten, Erdäpfel hinzufügen, salzen, pfeffern und im Fett schwenken, bis sie Farbe nehmen. Fleisch hinzufügen und alles miteinander gut durchrösten. Kurz vor dem Servieren etwas Bratensaft untergießen (Vorsicht: Das Gröstl sollte zwar saftig sein, darf aber nicht im Saft „schwimmen"). Dazu serviert man grünen Salat als Beilage.

Bauernomelett

Das Beste vom Bauernhof in einem einzigen, einfachen Rezept,
das vor allem in Ober- und Niederösterreich sehr beliebt ist

Zutaten

für 4 Portionen

2 Zwiebeln
2 Tomaten
4 mittelgroße, vorgekochte
Erdäpfel
1 EL Butterschmalz
100 g Bauernspeck
100 g Hühnerbrust
8 Eier
Schnittlauch zum Bestreuen
Salz und Pfeffer aus der
Mühle

Zubereitung

■ Den Speck kleinwürfelig schneiden
und in etwas Butterschmalz glasig
rösten. Die in dünne Streifen geschnittene Hühnerbrust dazugeben, die
in Ringe geschnittenen Zwiebeln mitrösten, bis diese eine leicht bräunliche
Färbung angenommen haben. Nach
etwa 5 Minuten die in Stücke geschnittenen Tomaten, die geschälten,
in Scheiben geschnittenen Erdäpfel
und die übrigen Zutaten hinzufügen,
noch einmal gut durchrösten. Salzen,
pfeffern und in vier gleich große
Portionen aufteilen. ■ Eine Portion
nach der anderen in eine heiße Teflonpfanne umstechen, mit jeweils zwei
verquirlten Eiern begießen und ausbacken, bis die Eier gestockt sind.
Eventuell wenden. Die jeweils fertigen
Portionen im auf 100 °C vorgeheizten
Rohr eine Weile warm stellen. Vor
dem Servieren mit Schnittlauch
bestreuen und mit Häuptelsalat als
Beilage servieren.

Tipp:
Bestreuen Sie die ausgebackenen Bauernomeletten
kurz vor der Fertigstellung noch mit etwas Reibkäse.

Frittatenauflauf mit Waldpilzfülle

Ein altes Rezept aus der steirischen Landeshauptstadt Graz

Zutaten

500 g gemischte Waldpilze
(z.B. Eierschwammerl, Steinpilze, Parasol, Hallimasch etc.)
2 EL Butter
1 fein geschnittene kleine
Zwiebel
1 EL fein geschnittene
Petersilie
1 gehackte Knoblauchzehe
Pfeffer, Salz
3 EL Sauerrahm
8 Palatschinken
Butter für die Auflaufform

Für die Fertigstellung:

125 ml Sauerrahm
2 Eier
Salz
1 Prise Muskatnuss
Schnittlauch

Zubereitung

■ Zwiebel in Butter anlaufen lassen, Knoblauch und Petersilie hinzufügen und die mundgerecht geschnittenen Schwammerl darin weichdünsten, bis der Eigensaft verdunstet ist. Erst am Schluss salzen, pfeffern und mit Sauerrahm vermischen. ■ Jede Palatschinke mit einer Portion Rahmschwammerl bestreichen, kapuzenartig zusammenklappen und die so gefüllten Palatschinken schindelartig übereinander in eine gefettete Form schichten. Sauerrahm, Eier, Salz und Muskatnuss versprudeln und über die Palatschinken verstreichen. ■ Den Auflauf 40 Minuten lang im auf 160 °C vorgeheizten Rohr backen und, mit Schnittlauch bestreut, servieren.

Tipp:
Statt des Schnittlauchs kann man auch 10 Minuten vor Backende etwas Reibkäse und Semmelbrösel auf den Auflauf streuen sowie ein paar Butterflocken aufsetzen.

Süßwasserfische

Lachsforelle in Apfelbalsamico mit Kernölfisolen

Ein Rezept aus der Gegend rund um das steirische Riegersburg

Zutaten

250 g Fisolen
Salz
1 Msp. Speisesoda
4 ausgelöste und enthäutete
Lachsforellenfilets à ca. 150 g
4 EL Apfelbalsamico-Essig
100 g eiskalte Butter in
kleinen Flöckchen
1 EL geröstete und fein
gewiegte Kürbiskerne
1 EL Semmelbrösel
1 EL Butter
1 KL Kürbiskernöl

Zubereitung

■ Zunächst die Fisolen gut zuputzen und in mit Speisesoda versetztem Salzwasser halbweich kochen. Etwas Butter in einer Pfanne zerlassen, Semmelbrösel und fein gewiegte Kürbiskerne ins Fett streuen, die Fisolen kurz darin wenden. Mit etwas Kürbiskernöl abschmecken. Die leicht gesalzenen Fischfilets draufsetzen und zugedeckt auf kleiner Flamme 4–5 Minuten dämpfen. ■ Inzwischen den Essig in einer kleinen Saucenpfanne zu Kochen bringen und diese, sobald sich die ersten Blasen bilden, von der Herdplatte ziehen. Dann nach und nach die eiskalten Butterstückchen einrühren und zu einer homogenen Sauce rühren. Auf heißen Tellern die Forellenfilets auf den Kernölfisolen anrichten und den Fisch mit der Apfelbalsamico-Sauce überziehen. Als Beilage empfehlen sich gekochte Erdäpfel.

Speckforellen mit Tirggaler

Ein Rezept aus dem Tiroler Ötztal

Zutaten

Für den Tirggaler:

150 g Maisgrieß (Polenta)
500 ml Wasser oder Milch
1 EL Weizenmehl
2–3 EL Butter
Salz aus der Mühle

Für die gebratenen Forellen:

4 Bachforellen à 250 g
4 Zweiglein Thymian
200 g hauchdünn geschnittener Bauchspeck
Salz
Zitronensaft

Zubereitung

■ Wasser bzw. Milch zum Kochen bringen. Maisgrieß langsam ins kochende Wasser bzw. in die Milch gleiten lassen, Mehl, Salz und etwas Butter einrühren. Den Tirggaler auf kleinster Flamme mindestens 1 Stunde dahinköcheln lassen. Dabei möglichst ständig rühren, bis sich zuletzt am Boden und an den Rändern eine knusprige Kruste bildet (von Zeit zu Zeit noch etwas flüssige Butter an die Pfannenränder gießen). ■ Inzwischen Bachforellen waschen, säubern, trockentupfen, mit etwas Zitrone beträufeln, leicht salzen und mit jeweils einem Zweiglein Thymian füllen. Die Forellen mit hauchdünn geschnittenem Bauchspeck umwickeln und in wenig Butterschmalz zunächst auf hoher, später auf kleiner Hitze braten. Nach der Hälfte der Bratzeit (ca. 15 Minuten) wenden. Speckhülle an der Bauchseite der Forellen aufschneiden und die Fische im „aufgebreiteten" Speckmantel mit gut abgeschmalztem Tirggaler servieren.

Bachsaibling im Wiesenkräutermantel

Ein Rezept aus dem Salzburger Land

Zutaten

4 küchenfertige Saiblinge
Salz, Pfeffer aus der Mühle
4 EL gemischte gehackte
Kräuter (wie etwa Estragon,
Kerbel, Sauerampfer,
Bärlauch, Petersilie)
Mehl zum Wenden
3–4 Eier
3 EL Reibkäse
2 EL Butter
1 EL Maiskeimöl
einige Kräuterzweiglein
zum Garnieren

Zubereitung

■ Saiblinge unter fließendem Wasser gut waschen und trockentupfen. Innen mit Salz, frisch gemahlenem Pfeffer und etwas von den gemischten Kräutern würzen. Danach auf einem flachen Teller die Eier mit dem Rest der Kräuter sowie dem Reibkäse gut vermengen. ■ Nun die Saiblinge nacheinander zuerst beidseitig in Mehl wenden und dann durch die Eier ziehen, sodass die Saiblinge gut von einem „Eier-Kräuter-Mantel" umhüllt sind. Währenddessen bereits das Öl mit etwas Butter erhitzen und die Saiblinge darin bei mäßiger Hitze, halb zugedeckt langsam auf beiden Seiten goldbraun braten. Saiblinge herausheben, Fett abtupfen oder abtropfen lassen und mit den Kräutern garniert anrichten. Als Beilage empfiehlt sich gemischter Blattsalat.

Lunzer See-Fische in Schaumweinsauce

Ein Rezept aus den niederösterreichischen Eisenwurzen

Zutaten

8 Saiblings- oder Seeforellen-
filets à 80 g (ersatzweise
Lachsforellenfilets)
Salz, Pfeffer aus der Mühle
Mehl zum Wenden
3 EL Butterschmalz
1 EL Butter
1 EL Mehl
200 ml Schlagobers
geriebene Muskatnuss
125 ml Schaumwein
(Mostschaumwein oder Sekt)
heurige Erdäpfel
Bärlauch- oder Blattspinat
nach Belieben

Zubereitung

■ Fischfilets mit Salz und Pfeffer würzen, leicht bemehlen und in einer Pfanne in heißem Butterschmalz beidseitig zart anbraten. ■ In einer Saucenpfanne aus Butter und Mehl eine helle Einbrenn zubereiten, Obers zugießen und mit Muskatnuss würzen. Béchamelsauce mit Schaumwein aufgießen und weiterköcheln lassen, bis eine sämige, keinesfalls aber dickliche Sauce entsteht. Die Fischfilets mit der Sauce umgießen und mit heurigen Erdäpfeln und Bärlauch- oder Blattspinat anrichten.

Stangerlfisch

Ein Rezept vom oberösterreichischen Traunsee

Zutaten

8 Weißfische (Rotaugen, Näslinge, Brachsen, Barben o.Ä.) bzw. Reinanken oder Saiblinge von ca. 10–15 cm Länge
Salz
8 Weichholzspießerl von ca. 50 cm Länge
Holzkohlenglut
grünes Holz
Erdäpfel nach Belieben
Alufolie

Zubereitung

■ Stangerlfische lassen sich auf dem Gartengrill leicht zubereiten. Die Fische zunächst ausnehmen, gut zuputzen, bei Bedarf schuppen, waschen und anschließend mit Küchenkrepp trockentupfen. Dann mit einem sehr scharfen Messer schröpfen, also beidseitig in Abständen von ca. 2 mm einschneiden. Fische innen und außen gut salzen und etwa 30–60 Minuten einwirken lassen. ■ Nun auf die Holzspießchen spießen und über der mit grünem Holz angereicherten Holzkohlenglut langsam knusprig und kross braten (das viel Rauch bildende grüne Holz benötigt man deshalb, weil die Stangerlfische sowohl gegrillt als auch geräuchert werden sollen). In Alufolie eingewickelte Erdäpfel mitbraten und, gut gesalzen, gemeinsam mit den Stangerlfischen servieren.

Fast Food über den Wassern

In den 1950er und 1960er Jahren entwickelte sich entlang einer imaginären Linie, die von der Traunmündung in die Donau stromaufwärts bis zu den Salzkammergut-Seen reichte, eine autochthone Snack-Kultur, um die uns heute die ganze Welt beneiden könnte. Die Rede ist von den sogenannten „Stangerlfischen", für die man damals noch frisch gefangene Weißfische verwendete, die man auf lange Holzstecken spießte, bevor man sie über glühender Holzkohle gleichzeitig selchte und briet. Verkauft wurde dieses „Fast Food" aus der Wirtschaftswunderzeit meist in kleinen Hütten am Wegesrand, wie man sie auch heute noch zuweilen findet. Süßwasserfische brutzeln dort jedoch kaum noch über dem Feuer. Der in den Buden verkaufte Stangerlfisch von heute ist – wie der Steckerlfisch – meist eine Makrele. |

Kletzenkarpfen

Ein Rezept von den Moosburger Teichen nördlich
des Wörthersees in Moosburg

Zutaten

4 Karpfenfilets à 180 g
Salz
1 Schuss Rotweinessig
14 Pfefferkörner
2 Pimentkörner

Für die Kletzensauce:

50 g abgezogene Mandeln
50 g enthäutete
Walnusskerne
150 g Kletzen (getrocknete
Birnen) oder gemischtes
Dörrobst
2 EL Butterschmalz
1 EL Staubzucker
4 cl Birnenbrand
125 ml Rotwein
500 ml Fischfond oder
Gemüsesuppe
Saft von ½ Zitrone
Schale von ½ Orange
2 EL Lebkuchenbrösel
Salz und Pfeffer aus der
Mühle

Zubereitung

■ Die Karpfenfilets gut waschen und mit Küchenkrepp trockentupfen, salzen. In eine Kasserolle legen und mit so viel Essigwasser begießen, dass die Filets gerade bedeckt sind. Pfeffer und Piment dazugeben und knapp unter dem Siedepunkt ca. 15 Minuten ziehen lassen. Warm stellen. ■ Inzwischen die Mandeln stiftelig und die Nüsse sowie die Kletzen kleinwürfelig schneiden. In einer Pfanne das Butterschmalz zerlassen, den Staubzucker hineinstreuen und karamellisieren, bis er eine goldgelbe Farbe annimmt. Mandeln, Nüsse und Kletzen hinzufügen, gut durchrösten und mit Birnenbrand flambieren. ■ Sobald die Flamme erloschen ist, mit Rotwein und Fischsud aufgießen, Zitronensaft und Orangenzesten hinzufügen, alles aufkochen, mit den Lebkuchenbröseln binden und sämig einkochen. Nach Geschmack salzen und pfeffern.
■ Dann die vorpochierten Karpfenfilets einlegen, Pfanne zudecken und den Fisch auf kleinster Flamme weitere 10 Minuten in der Sauce ziehen lassen. Dazu passt weiße Polenta oder Serviettenknödel.

Gespickter Hecht in Weißburgunder

Ein Rezept vom Wiener Nussberg

Zutaten

1 Hecht im Ganzen
25 g Spickspeck
25 g Sardellen
Salz, Pfeffer
60 g Butterschmalz
125 ml trockener Riesling
oder Weißburgunder
1 Eidotter
100 ml Schlagobers

Zubereitung

■ Den geschuppten und ausgenommenen Hecht gut waschen, mit Küchenkrepp trockentupfen und mithilfe einer Spicknadel beidseitig abwechselnd mit Speck und Sardellenfilets spicken. Den Fisch außen und innen leicht salzen und pfeffern. Das Backrohr auf 180 °C vorheizen. ■ Das Butterschmalz in einer geeigneten Fischkasserolle erhitzen und den Fisch darin im Backrohr unter ständigem Begießen beidseitig braten, bis er – je nach Größe nach 25–40 Minuten – eine schöne, goldbraune Farbe angenommen hat. Während der letzten 5 Minuten der Bratzeit den Weißwein zugießen. ■ Dann den Fisch vorsichtig aus der Kasserolle nehmen, auf eine vorgewärmte Platte setzen und warm stellen. Eidotter und Obers versprudeln und den mit Wein abgelöschten Bratrückstand damit binden. Etwas Sauce über den Fisch gießen. Den Rest der Sauce in einer Sauciere extra servieren. Als Beilage empfehlen sich Dillerdäpfel und Bummerlsalat (Eisbergsalat).

Wiener Aal

Ein Alt-Wiener Küchenklassiker

Zutaten

1–2 Aale (ca. 1 kg)
1 kleine Karotte
¼ Sellerieknolle
1 Petersilienwurzel
1 Zwiebel
1 kleine Stange Lauch
1 Schuss Weißweinessig
Salz
4–6 Pfefferkörner
1 EL frisch
gerissener Kren

Zubereitung

■ Das geputzte Gemüse gleichmäßig in hauchdünne Streifen schneiden und in eine Fischkasserolle mit ausreichend Wasser geben. Mit Essig, Salz und Pfefferkörnern würzen und das Gemüse kernweich kochen. Erst dann den in Portionsstücke geschnittenen Aal hineingeben und diesen je nach Stärke der Stücke ca. 10–15 Minuten knapp am Siedepunkt ziehen lassen.

■ Aalstücke aus dem Sud heben, auf einer heißen Platte anrichten, mit dem abgetropften Wurzelgemüse bestreuen und mit frisch gerissenem Kren garnieren. Dazu passen Salzerdäpfel.

Waller auf Kürbiskraut

Der Kürbis ist zwar ein kulinarisches Symbol der Steiermark,
aber auch im Kärntner Drautal weit verbreitet, von wo auch das
folgende Rezept stammt.

Zutaten

Für das Kürbiskraut:

600 g schieres Kürbisfleisch
(ohne Schalen und Kerne)
1 mittlere weiße Zwiebel
4 EL Raps- oder Maiskeimöl
1 Schuss Pfirsichessig
(ersatzweise Weißweinessig)
100 ml Gemüsesuppe
1 Zweiglein Bertram
(Estragon)
100 ml Schlagobers
Salz, Pfeffer

Für die Wallersteaks:

4 Wallersteaks à 160 g
Salz, weißer Pfeffer
2 EL Mehl
1 Knoblauchzehe
1 EL Pflanzenöl
1 nussgroßes Stück Butter

Zubereitung

■ Das Kürbisfleisch sehr fein hacken
oder raspeln. Die Zwiebel fein hacken
und in einer Kasserolle in heißem
Pflanzenöl anschwitzen, Kürbisfleisch
zugeben. Mit einem kräftigen Schuss
Pfirsichessig ablöschen, mit Suppe
aufgießen, das Bertramzweiglein hinzufügen und 30–40 Minuten weichkochen. ■ Die Wallersteaks salzen
und leicht pfeffern, beidseitig etwas
bemehlen. Eine Fischpfanne mit einer
zerdrückten Knoblauchzehe ausreiben,
Butter und Öl erhitzen und die Wallersteaks von beiden Seiten goldbraun
braten. ■ Wenn das Kürbiskraut
weich ist, das Bertramzweiglein entfernen und das Schlagobers unterrühren, weitere 5 Minuten köcheln
lassen, bis das Kraut eine sämige Konsistenz hat. Das Kraut mit Salz und
Pfeffer abschmecken, portionsweise
auf Tellern anrichten und jeweils
ein Wallersteak in die Mitte setzen.
Mit Salzerdäpfeln heiß servieren.

Tipp:
Wenn Sie den Waller im Ganzen kaufen und selbst zerteilen, so können Sie aus
Kopf, Karkassen, Abschnitten, Weißwein, Suppengemüse und Gewürzen einen
Fischfond kochen und die Gemüsesuppe durch diesen ersetzen. Das Gericht wird
dann noch etwas aromatischer.

Überbackener Zander

Ein Rezept aus der Kärntner Hotelküche der fünfziger Jahre

Zutaten

8 entgrätete Zanderfilets
à ca. 100 g
125 ml trockener Weißwein
Saft von 1 Zitrone
1 nussgroßes Stück Butter
Salz
1 Lorbeerblatt
2 Gewürznelken
8 Pfefferkörner
300 g Blattspinat
2 Schalotten
100 g gemischte Pilze
oder Champignons
1–2 EL Butter
Pfeffer

Für die Béchamelsauce:

40 g Butter
40 g Mehl
300 ml Milch
200 ml Fischfond
oder Gemüsesuppe
2 Eidotter
1 Prise Muskatnuss
3 EL Reibkäse
1 EL Semmelbrösel
einige Butterflocken

Zubereitung

■ In einer Kasserolle Wein und Zitronensaft zum Kochen bringen, etwas Butter hinzufügen und die gesalzenen Zanderfilets mit Lorbeerblatt, Gewürznelken und Pfefferkörnern einlegen, die Kasserolle abdecken und die Filets auf kleinster Flamme 3–4 Minuten ziehen lassen, dann von der Herdplatte nehmen und warm stellen. ■ Für die Béchamelsauce aus Butter und Mehl eine lichte Einbrenn zubereiten, mit Milch und Fischfond bzw. Gemüsesuppe aufgießen und so lange köcheln lassen, bis die gewünschte sämige Konsistenz erreicht ist. Dann kurz überkühlen lassen, Eidotter und Muskatnuss unterrühren und die Sauce beiseite stellen.
■ Den Blattspinat kurz mit kochendem Wasser überbrühen, in einer Kasserolle die fein gehackten Schalotten und die in dünne Scheiben geschnittenen Pilze in zerlassener Butter anschwitzen, den gut abgetropften und ausgedrückten Blattspinat dazugeben, alles gut vermengen, mit Salz und Pfeffer würzen, beiseite stellen. ■ Erdäpfel kochen, noch heiß schälen und mit der zerlassenen Butter, dem Ei und Schlagobers zu einer geschmeidigen Erdäpfelmasse

Für die Erdäpfelmasse:

300 g mehlige Erdäpfel

30 g Butter

1 Ei

1 EL Schlagobers

Fett für die Form

mixen. Diese leicht abkühlen lassen und in einen Spritzbeutel füllen.

■ Eine gut befettete, ofenfeste Gratinierform zunächst mit dem Spinat auslegen, die Hälfte der gut abgetropften Zanderfilets draufsetzen und diese mit einem Drittel der Béchamelsauce bestreichen. Dann die zweite Hälfte der Zanderfilets auflegen, mit der restlichen Béchamelsauce begießen und mit Reibkäse und Semmelbröseln bestreuen, oben drauf noch einige Butterflocken setzen. Die Erdäpfelmasse mit dem Spritzbeutel rund um den Rand der Kasserolle drapieren, Fisch im möglichst heißen Rohr ca. 10 Minuten überbacken.

Bachforelle, Saibling, Waller & Co.

In manchen niederösterreichischen Gewässern findet man sie noch, die begehrten wild-lebenden Bachforellen. Auf den meisten Speisekarten niederösterreichischer Gasthöfe wird man hingegen meist mit Regenbogenforellen aus durchwegs sehr guten Zuchten Vorlieb nehmen müssen. Feinschmecker halten indessen auch stets nach den besonders festfleischigen Seeforellen (etwa aus dem Lunzer See) oder den größeren Lachsforellen Ausschau, bei denen es sich genau genommen um eine gezüchtete Sonderform der Regenbogenforelle handelt. Der Saibling oder „kleine Salm" war als „Kaiserfisch" früher ausschließlich der Verarbeitung bei Hofe vorbehalten, was ihm sein Renommee als „Gourmetfisch" einbrachte, das er bis heute beibehalten hat. Nicht wegzudenken aus Niederösterreichs Fischküchen ist auch der Waller (Wels, Schaiden oder Scharn), ein Raubfisch aus der Karpfenfamilie, der wegen seines bissfesten, weißen Fleisches zu den beliebtesten Donaufischen zählt. Ebenso wie übrigens auch der Zander (auch Fogas oder Schill), ein Raubfisch aus der Familie der Barsche, der wegen seiner Gefräßigkeit früher auch Hechtbarsch hieß, und wegen seines festen, schlohweißen und grätenarmen Fleisches mit Recht als Edelfisch gilt. |

Schill mit Spargelspitzen

Ein Rezept von der Hainburger Pforte im niederösterreichischen Marchfeld

Zutaten

4 Filets vom Donauschill (Zander) mit Haut
Salz, weißer Pfeffer
Mehl zum Wenden
4 EL Butterschmalz
etwas flüssige Butter
16 Spargelspitzen
Saft von 1 größeren Zitrone
8 nussgroße Stk. eiskalte Butter
4 Estragonzweiglein

Zubereitung

■ Schillfilets entgräten, salzen, pfeffern. Auf der Hautseite leicht bemehlen und mit dieser nach unten in heißes Butterschmalz einlegen. Filets auf hoher Hitze braten, ohne sie dabei umzudrehen, bis die Kruste goldbraun und knusprig ist. Dann die Filets auf mit flüssiger Butter bestrichener Alufolie im auf 100 °C vorgeheizten Backrohr noch einige Minuten mit der Kruste nach oben ziehen lassen.

■ Die Spargelspitzen in kochendem Salzwasser je nach gewünschter Knackigkeit 5–10 Minuten garen und aus dem Sud heben. Zitronensaft in einer kleinen Pfanne erhitzen, die Pfanne sofort von der Herdplatte ziehen und die kalten Butterstücke unter ständigem Rühren darin auflösen, bis sich die Butter mit dem Zitronensaft bindet. Die Spargelspitzen durch die Zitronenbutter ziehen und rund um die Schillfilets anrichten, mit Estragon garnieren.

Eglifilets mit Erdäpfelhäufchen

Ein Vorarlberger Seebarschrezept vom Bodensee

Zutaten

600–700 g Eglifilets
ohne Haut
Salz, Pfeffer
Zitronensaft
Mehl zum Wenden
2 EL Butter oder Öl
100 ml Weißwein
wenig Fischfond oder
Gemüsesuppe zum
Ablöschen

Für die Erdäpfelhäufchen:

500 g gekochte Erdäpfel
3 EL zimmerwarme Butter
1 EL geriebener Hartkäse
1 Ei
1 Eidotter
Salz
Muskatnuss
1 Ei zum Bestreichen

Zubereitung

■ Zuerst die Erdäpfelhäufchen vorbereiten. Dafür aus den gekochten, passierten Erdäpfeln, weicher Butter, geriebenem Käse, Ei, Eidotter, einer Prise Salz und Muskatnuss einen geschmeidigen Teig zubereiten. Ein Backblech mit Backpapier auslegen oder gut mit Butter bestreichen und die Masse mithilfe von zwei Löffeln zu kleinen Häufchen formen. Mit Ei bestreichen und im auf 180 °C vorgeheizten Backrohr goldbraun backen.

■ Währenddessen die Eglifilets sorgfältig entgräten, mit Salz und Pfeffer würzen, mit Zitronensaft beträufeln und etwas ziehen lassen. Filets beidseitig in Mehl wenden, überschüssiges Mehl abklopfen und in heißer Butter einige Minuten beidseitig goldbraun braten. Filets herausheben und warm stellen. Den Bratrückstand mit Weißwein sowie Fischfond bzw. Gemüsesuppe lösen und kurz einkochen.

■ Eglifilets auf vorgewärmten Tellern anrichten, mit Sauce beträufeln und mit den Erdäpfelhäufchen servieren. Dazu passt in Butter geschwenkter Blattspinat.

Geflügel, Wildgeflügel und Kleintiere

Fasan „Schloss Hohenbrunn"

Ein Rezept aus dem oberösterreichischen Ipfbachtal
bei Stift St. Florian

Zutaten

2 gerupfte, ausgenommene
Fasane
Salz, Pfeffer
500 g in dünne Scheiben
geschnittener fetter Speck
150 g Butter
2 Zwiebeln
2 EL Butter zum Dünsten
500 g Weißkraut
500 ml Hühnersuppe
½ Flasche halbsüßer oder
süßer Weißwein
Kümmel

Zubereitung

■ Fasane innen und außen kräftig mit Salz und Pfeffer würzen. In Speckscheiben hüllen und dann mit einem Küchenspagat umbinden. In einer Pfanne reichlich Butter erhitzen und die Fasane darin bei guter, aber nicht zu großer Hitze hellbraun und halbgar braten. Währenddessen die Fasane ab und zu wenden. ■ Zwiebeln fein hacken, in Butter glasig dünsten, feinnudelig geschnittenes Weißkraut dazugeben, mit Hühnersuppe und Süßwein aufgießen, mit Kümmel würzen und weichkochen, bis das Kraut die Flüssigkeit weitgehend aufgenommen hat. ■ Die halbfertig gebratenen Fasane auf diesen Krautsockel setzen, zudecken und auf sehr kleiner Flamme etwa 35 Minuten schmoren, bis das Fleisch durch, aber noch saftig ist. Die Fasane in acht Stücke zerteilen, in die Mitte einer vorgewärmten Platte legen und das Kraut rundherum anrichten. Mit Knödeln servieren.

Gebackenes steirisches Poulard

Das klassische steirische Backhendl wird in Schweineschmalz herausgebacken.

Zutaten

1 steirische Poularde von
ca. 2 kg (mit Leber, Hals
und Magen)
Salz, Pfeffer
glattes Mehl
2 Eier
1 Schuss Zitronensaft
ca. 150 g Semmelbrösel
500 g Schweineschmalz

Zubereitung

■ Die Poularde ausnehmen, waschen, außen und innen trockentupfen und den Magen in Salzwasser weichkochen. ■ Hühner in acht Teile zerteilen. Hühnerstücke salzen, leicht pfeffern und hintereinander in Mehl, in mit Zitronensaft versprudeltem Ei und Semmelbröseln wälzen, die Panade danach mit einer Gabel rundum gut andrücken. Hals, Rückgrat und Innereien extra panieren. Innereien nicht salzen. ■ Schweineschmalz in der Pfanne erhitzen und die Hühnerteile auf nicht zu großer Flamme 20–25 Minuten goldbraun und knusprig braten. Innereien erst während der letzten 5 Minuten hinzufügen. Backhühner aus dem Fett heben, auf Küchenkrepp gründlich abtropfen lassen. Dazu passt am besten ein Erdäpfelsalat mit Kernöl.

Tipp:
Noch zarter werden die Backhühner, wenn man statt einer Poularde zwei Stubenküken paniert.

Wachteln mit Grünspargel

Ein Rezept aus dem burgenländischen Seewinkel

Zutaten

4 Wachteln
125 g Butter
40 g Mehl
750 ml Hühnerfond oder
Geflügelsuppe
Salz, Pfeffer aus der Mühle
500 g burgenländischer
Grünspargel
2 Eidotter
1 Schuss Zitronensaft
1 KL fein gehackter Estragon
1 TL Tomatenmark

Zubereitung

■ Die Butter in einer Kasserolle schmelzen und mit Tomatenmark und dem Mehl zu einer hellen Einbrenn verrühren, anschließend mit der Geflügelsuppe aufgießen und gut verkochen. Hitze etwas reduzieren, die gut gesäuberten, gewürzten Wachteln in die Flüssigkeit einlegen und etwa 20 Minuten lang dünsten. ■ In der Zwischenzeit die Spargel von holzigen Stellen befreien und in jeweils 4 cm lange Stücke schneiden. In leicht wallendem Salzwasser halbdurch kochen. Spargelstücke mit einem Schaumlöffel aus dem Kochwasser heben, zu den Wachteln geben und noch etwa 5 Minuten fertig dünsten. Wachteln auf einer heißen Platte anrichten, Sauce mit zwei Eidottern legieren (binden), aber nicht mehr kochen lassen. Mit Zitronensaft, Salz und Pfeffer abschmecken. Mit fein gehacktem Estragon servieren. Dazu passen Salzerdäpfel.

Paprikahendl

In der klassischen Wiener Küche wurde aus dem ungarischen Hühnerpaprikasch ein eigenständiges, „multikulturelles" Gericht.

Zutaten

4 Hühnerbiegel
(Ober- und Unterkeulen)
4 Hühnerflügel
Salz
3 EL Butterschmalz
2 Zwiebeln
2 zerdrückte Knoblauchzehen
2 EL edelsüßes Paprikapulver
400 ml Hühnersuppe oder
Wasser
1 KL Tomatenmark
etwas Saft und Schale von
1 ungespritzten Zitrone
1–2 EL Mehl
150 ml Sauerrahm
80 ml Schlagobers
bunte Paprikaschoten
und etwas Sauerrahm
zum Garnieren

Tipp:
Selbstverständlich können auch andere Hühnerteile oder kann ein ganzes Huhn für dieses Gericht verwendet werden. Die Praxis zeigt jedoch, dass Biegel und Flügerl am saftigsten bleiben.

Zubereitung

■ Die Hühnerteile waschen, mit Küchenkrepp trockentupfen und kräftig salzen. In einer großen Kasserolle das Butterschmalz erhitzen, Hühnerteile darin von allen Seiten her anbraten und wieder herausheben. Zwiebeln hacken und gemeinsam mit den durch die Presse passierten Knoblauchzehen im verbliebenen Fett goldgelb rösten. Die Kasserolle vom Feuer nehmen, das Paprikapulver einrühren und sofort mit Suppe oder Wasser aufgießen. Nun das Tomatenmark sowie etwas geriebene Zitronenschale einrühren, mit Salz würzen, die Hühnerteile wieder hineingeben und zugedeckt etwa 40 Minuten weichdünsten. Die Hühnerteile währenddessen ab und an wenden.

■ Kurz vor Ende der Garzeit das Mehl mit dem Sauerrahm vermengen, Hühnerteile wieder herausnehmen und warm stellen. Sauerrahm einrühren und Sauce so lange kochen, bis sie die richtige Sämigkeit hat. Dabei mit einem Schneebesen ständig rühren, damit die Sauce nicht klumpt. Schlagobers und etwas Zitronensaft zugießen und die Sauce durch ein feines Haarsieb oder eine Flotte Lotte passieren. Hühnerteile wieder in die fertige Sauce legen und kurz noch einmal anwärmen. Paprikahuhn in einer gut vorgewärmten Schüssel anrichten und mit knackigen oder leicht ansautierten bunten Paprikaschoten garnieren.

Hafeloab mit Putenseele

Ein Rezept aus Vorarlberg

Zutaten

250 g Maismehl oder
Vollkornmehl
250 g Mehl
Salz
2 EL Butter
1 Ei
Wasser oder Rindsuppe
ca. 400 g geräucherte
Putenbrust

Tipp:

Luftiger gerät der Hafeloab, wenn man dem Teig noch eine Prise Backpulver beimengt. Ohne die Einlage wird der Hafeloab gerne zu Geselchtem oder in der Gerstelsuppe gegessen.

Zubereitung

■ Aus beiden Mehlsorten, einer Prise Salz, Butter, Ei und Wasser bzw. Rindsuppe einen nicht zu festen Teig kneten. Putenbrust in so viele Stücke teilen, wie man Laibe formen möchte. Teig in einen großen oder mehrere kleinere Laibe teilen, in die Mitte jeweils ein Stück Putenbrust hineindrücken und fest mit Teig umhüllen. Salzwasser aufkochen, Hafeloab einlegen und 30–50 Minuten (je nach Größe) leicht wallend kochen. Herausheben, abtropfen lassen und auftragen. Dazu wird beispielsweise Sauerkraut serviert.

Sauerampferhenn

Ein altes Rezept aus Tirol

Zutaten

1 Henne von ca. 1,5 kg
Salz, Pfeffer
2 EL Mehl
2 EL Butterschmalz
500 ml kräftige Hühnersuppe
100 g Sauerampfer
1 EL gemischte Kräuter
(z. B. Liebstöckel, Estragon,
Kerbel, Petersilie)
2 EL Sauerrahm
2 EL Mehl
1 Schuss Zitronensaft
1 Schuss Kräuteressig
1 Msp. Zucker
2 Eidotter
2 EL Sauerrahm oder
Creme fraîche

Zubereitung

■ Die Henne waschen, trockentupfen, in vier Teile (Brust- und Keulenstücke) tranchieren, salzen, pfeffern und rundum bemehlen. Butterschmalz in einer großen, verschließbaren Pfanne erhitzen. Hühnerteile allseitig goldbraun anbraten, mit Hühnersuppe aufgießen, aufkochen, Hitze reduzieren, Deckel verschließen und ca. 50 Minuten lang auf sehr kleiner Flamme fertig dünsten. Hühnerteile aus dem Schmorsaft nehmen und warm stellen. Den Schmorsaft auf die Hälfte einkochen.

■ Den Sauerampfer waschen, grob hacken, kurz mit siedendem Wasser überbrühen, abtropfen lassen und passieren. Mehl und Sauerrahm vermischen und den eingekochten Schmorsaft damit leicht binden. Sauerampfer gemeinsam mit den fein gehackten Kräutern darunterrühren. Mit Zitronensaft, Zucker und Kräuteressig abschmecken. Eidotter mit Sauerrahm bzw. Crème fraîche versprudeln und bei reduzierter Hitze in den Schmorsaft einrühren, bis die Sauce eine sämige Konsistenz erhält. Die Hühnerstücke in die Sauce legen und noch 1–2 Minuten darin ziehen lassen, dann im Topf servieren. Dazu passen Salzerdäpfel.

Hühnerbrüstchen auf Grumpera mit Alpkäsesauce

Ein Rezept aus dem Bregenzerwald

Zutaten

500 g Grumpera (Erdäpfel)
4 Hühnerbrüstchen à 180 g
Salz, Pfeffer
2 EL Butterschmalz
1 Stange Lauch
Butter für die Form
1 Schuss Weißwein
etwas Geflügelfond oder
-suppe zum Aufgießen

Für die Sauce:

ca. 100 ml Geflügelfond
oder -suppe
150 ml Schlagobers
100 g Alpkäse oder Bergkäse
1 Eckerl Schmelzkäse
2 cl Kirschwasser
Salz, Pfeffer
Muskatnuss
2 EL gehackter Schnittlauch

Zubereitung

■ Die geschälten Erdäpfel in Scheiben schneiden und 6–8 Minuten vorkochen. Die Hühnerbrüstchen mit Salz und Pfeffer würzen und in heißem Butterschmalz rasch auf beiden Seiten anbraten. Aus der Pfanne heben und beiseite stellen. Lauch in Ringe schneiden, im verbliebenen Fett hell anrösten und wieder herausheben. Abgetropfte Erdäpfelscheiben ebenfalls kurz anbraten. ■ Eine feuerfeste Form mit Butter ausstreichen, abwechselnd mit Lauch und Erdäpfeln auslegen und die Hühnerbrüstchen darauf betten. ■ Weißwein und etwas Geflügelfond dazugießen, abdecken und im vorgeheizten Backrohr bei 180 °C 20–25 Minuten weichdünsten. ■ Inzwischen für die Sauce Geflügelfond mit Schlagobers erhitzen, klein geschnittenen Käse zugeben, unter ständigem Rühren schmelzen und zu einer sämigen Sauce verkochen. Mit Kirschwasser, Salz, Pfeffer und einer Prise Muskatnuss abschmecken. Fertig gedünstete Hühnerbrüstchen in der Form mit der Käsesauce begießen und vor dem Auftragen kräftig mit gehacktem Schnittlauch bestreuen. Dazu passen frische Blattsalate.

Wachteln mit Pilz-Polenta-Fülle

Ein Gailtaler Rezept aus den Karnischen Alpen, in dem schon
die schlaraffische friulanische Küche mitschwingt

Zutaten

4 ausgenommene und
geputzte Wachteln
Salz, Pfeffer
1 EL Olivenöl
1 kleine Zwiebel
150 g gemischte Waldpilze
(Eierschwammerl, Steinpilze,
Hallimasch etc.)
250 ml Hühnersuppe
250 g Polentagrieß
2 EL flüssige Butter
1 EL Pflanzenöl
Fett zum Ausstreichen
der Form
4 Zweiglein Thymian

Zubereitung

■ Wachteln waschen und mit Küchenkrepp trockentupfen, innen und außen
salzen und pfeffern, beiseite stellen.
Das Olivenöl in einer geeigneten
Kasserolle erhitzen, die sehr fein gehackte Zwiebel darin glasig anschwitzen, die geputzten, grob gehackten
Pilze hinzufügen und kurz Farbe nehmen lassen. Hühnersuppe erwärmen,
zur Pilzmasse gießen, leicht zum
Köcheln bringen und den Polentagrieß
in dünnem Strahl und unter ständigem
Rühren einrieseln lassen. Alles unter
gelegentlicher Zugabe von geschmolzener Butter und Pflanzenöl gut durchrühren, bis die Polenta die gesamte
Flüssigkeit aufgesogen hat. Die Kasserolle vom Herd nehmen, abdecken
und 7 Minuten quellen lassen. Das
Backrohr auf 220 °C vorheizen.
■ Die Wachteln mit der Polenta-Pilz-
Masse füllen, die Öffnung jeweils
mit einem Zwirnfaden fest vernähen.
Polentareste warm stellen. Wachteln
mit der Brustseite nach oben in einen
mit Pflanzenöl gut ausgestrichenen
Bräter setzen. Die Brusthaut mit ein
paar Tropfen Öl beträufeln und mit
je einem Thymianzweiglein belegen.
Nach etwa 5 Minuten die Hitze auf

180 °C reduzieren und noch – je nach Größe der Wachteln – weitere 15–20 Minuten braten. Die Haut unterdessen mehrmals mit dem Bratenrückstand bestreichen. ■ Sobald die Wachteln durch sind und beim Anstechen der Schenkel kein roter Saft mehr austritt, die Wachteln im halb offenen Backrohr noch einige Minuten rasten lassen. Dann mit der Geflügelschere jeweils in der Mitte halbieren, mit Bratensaft übergießen und mit den warm gehaltenen Polentaresten sowie bunten Blattsalaten servieren.

Tipp:
Besonders fein wird dieses Gericht, wenn Sie einige Steinpilze oder Eierschwammerl in Butter kurz anbraten und diese beim Anrichten über die Wachteln verteilen.

Gefüllte Ente mit Rotkraut und Äpfeln

Ein Rezept von der oststeirischen Apfelstraße

Zutaten

1 küchenfertige Ente von
ca. 2 kg
Salz, Pfeffer
Majoran

Für die Fülle:

1 Zwiebel
3 EL Rapsöl
3 säuerliche Äpfel
3 Schneidsemmeln
3 Eier
2 EL fein gehackte Petersilie
125 ml Milch
Salz, Pfeffer

Für das Rotkraut:

600 g Rotkraut
1 Zwiebel
2 EL Gänseschmalz oder
Entenfett
20 g Zucker
200 ml Blauburgunder
1 Schuss Apfelbalsamico-
Essig
Geflügelsuppe nach Bedarf
2 Äpfel
1 EL Preiselbeeren

Zubereitung

■ Zuerst die Fülle zubereiten. Dafür die Zwiebel fein hacken und in heißem Öl in einer Pfanne goldgelb anlaufen lassen. Die Äpfel schälen, entkernen und kleinwürfelig schneiden. Die Semmeln ebenfalls kleinwürfelig schneiden. Alle Zutaten gut miteinander vermengen, mit Salz und Pfeffer abschmecken und 20 Minuten lang rasten lassen. ■ Inzwischen die Ente innen und außen salzen, pfeffern und mit Majoran einreiben. Ente mit der vorbereiteten Fülle füllen, die Öffnung mit Küchengarn zunähen. Backrohr auf 200 °C vorheizen. ■ Ente in einer Bratenpfanne mit etwas Wasser ins Rohr schieben und beidseitig unter wiederholtem Begießen ca. 90 Minuten knusprig braten, dabei Temperatur allmählich auf 180 °C reduzieren. Ente tranchieren, Fülle separat anrichten und warm halten. Die Entenstücke mit der Hautseite nach oben in eine groß Bratenpfanne geben und weitere 10 Minuten bei sehr hoher Hitze oder unter dem (Umluft-)Grill noch einmal knusprig braten. ■ Währenddessen Rotkraut feinnudelig schneiden oder hobeln. Fein gehackte Zwiebel in Schmalz glasig rösten, mit Zucker bestreuen, Kraut zugeben, Blauburgunder und Apfelbalsamico-Essig zugießen, mit etwas Suppe aufgießen. Auf kleiner Flamme kernweich dünsten. Dann gerissene Äpfel und Preiselbeeren darunterrühren, allenfalls noch etwas Suppe angießen und 10–20 Minuten fertig dünsten. Die knusprig gebratenen Entenstücke rund um die Fülle anrichten und mit dem Rotkraut servieren.

Entenbrust auf sauren Rüben

Ein Rezept aus Osttirol

Zutaten

1 kg saure (weiße, gesäuerte) Rüben
1 Speckschwarte
einige Wacholderbeeren
Pfefferkörner
1 Lorbeerblatt
2 EL Mehl
Salz, Pfeffer
2 Entenbrüste
2 EL Butterschmalz
1 EL Honig
einige kalte Butterflocken

Tipp:
Etwas deftiger gerät dieses Gericht, wenn man nach dem Originalrezept noch etwa 100 g in genügend Butterschmalz geröstete Zwiebeln dazuserviert.

Zubereitung

■ Zunächst die in Streifen geschnittenen Rüben in etwa einem halben Liter Wasser aufstellen. Speckschwarte sowie die in ein Leinensäckchen gebundenen Gewürze zugeben und aufkochen. Rüben etwa 30–45 Minuten weichkochen. Speckschwarte und Gewürzsäckchen entfernen. Mehl mit Wasser glattrühren, unter die Rüben mengen, einkochen und mit Salz und Pfeffer abschmecken. ■ Währenddessen die Entenbrust gut mit Salz und Pfeffer würzen und in heißem Butterschmalz auf der Hautseite kross anbraten, dann auf der anderen Seite ebenfalls kurz anbraten. In eine feuerfeste Form umstechen, verbliebenes Fett zugießen und im vorgeheizten Backrohr bei 180 °C 10–20 Minuten braten. Nach der Hälfte der Garzeit die Haut mit Honig bestreichen. Fertige Entenbrust herausheben, in Alufolie hüllen und warm stellen.
■ Den verbliebenen Bratensaft mit etwas Wasser aufgießen, einkochen und mit einigen kalten Butterflocken binden. Rüben portionsweise anrichten, die Entenbrüste tranchieren und die Streifen fächerartig auf den Rüben anrichten. Sauce über die Entenbrüste träufeln und auftragen.

Mosthendl mit Steinpilzen

Wenn die Mostapfelernte beginnt, gibt's in den Wäldern zumeist viele Steinpilze. Grund genug, beide Zutaten nach diesem niederösterreichischen Rezept aus dem Mostviertler Kernland zu kombinieren.

Zutaten

4 Hühnerbiegel (Ober- und Unterkeulen) à 250 g
Salz, Pfeffer
20 g Butterschmalz
150 g durchzogener Frühstücksspeck
20 g getrocknete Steinpilze
250 ml Hühnersuppe
500 ml Most
1 Lorbeerblatt
1 kleine Zimtstange
2 Neugewürzkörner
1 Bund Suppengrün
1 Zwiebel
1 KL Honig
1 EL Maisstärke
1 EL fein gehackter Schittlauch

Zubereitung

■ Die Hühnerbiegel salzen und pfeffern. Das Butterschmalz in einer verschließbaren Kasserolle erhitzen und darin den in gleichmäßige Streifen geschnittenen Frühstücksspeck langsam Farbe nehmen lassen. Die Hühnerbiegel dazugeben und beidseitig goldgelb braten. Währenddessen Pilze in Hühnersuppe einweichen, gemeinsam mit dem Most zugießen, so dass die Hühnerbiegel knapp bedeckt sind. Lorbeerblatt, Zimtstange, Neugewürzkörner, Suppengrün und die geschälte Zwiebel im Ganzen hinzufügen und den Honig einrühren. Alles aufkochen, Hitze stark reduzieren und zugedeckt 45 Minuten leise dahinköcheln lassen. ■ Suppengrün und Gewürze entfernen, Hühnerbiegel herausheben und warm stellen. Schmorsaft auf die Hälfte einkochen. 3–4 EL der Flüssigkeit mit Maisstärke versprudeln und wieder einrühren. Weiterköcheln lassen, bis die Sauce schön bindet. Hühnerbiegel wieder einlegen, noch 2–3 Minuten mitköcheln lassen und, mit Schnittlauch bestreut, im Topf servieren, Dazu passen mit etwas Knoblauchbutter bestrichene Schwarzbrottoasts.

Weihnachtsgans

Ein Rezept aus dem alten Wien

Zutaten

1 Weidegans von
ca. 3,5–4,5 kg
1 KL gemahlener Kümmel
Meersalz und Pfeffer
aus der Mühle
1 gestrichener EL
gemahlener Majoran
1 KL gemahlener Beifuß
3–4 Äpfel
12 Gewürznelken
ca. 6 gekochte und
geschälte Maroni
ca. 1 l Wasser
6 geschälte Schalotten
etwas Mehl zum Binden
Hühner- oder Ganslsuppe
zum Aufgießen

Zubereitung

■ Ausgenommene Gans von inneren Fettpolstern befreien, Hals, Flügelspitzen und Innereien für eine Ganslsuppe beiseite geben. Gans mit einer Mischung aus Kümmel, Meersalz, Pfeffer, Majoran und Beifuß innen und außen gründlich würzen. ■ Für die Füllung Äpfel mithilfe eines Ausstechers entkernen, aber ganz lassen, und mit Gewürznelken spicken. Gemeinsam mit den geschälten und gekochten Maroni in die Bauchhöhle füllen. Falls nötig, die Öffnung am Bürzel zunähen oder mit Zahnstochern zusammenstecken. Danach eine große Bratenpfanne etwa einen Finger hoch mit heißem Wasser füllen, die Gans mit der Brust nach unten einlegen. Zunächst gut 15 Minuten bei ca. 220 °C Farbe nehmen lassen, danach die Hitze auf etwa 170 °C reduzieren, Schalotten zur Geschmacksverstärkung in den Bratensaft legen und die Gans langsam – je nach Größe etwa 35 Minuten pro Kilo – unter beständigem Begießen garen, bis das meiste Fett ausgetreten ist. Nach der halben Bratzeit wenden und gegen Ende der Bratzeit das Fett zur Gänze abschöpfen. Währenddessen bei Bedarf Wasser oder Suppe nachgießen. ■ Gans aus dem Rohr nehmen, tranchieren und die einzelnen Stücke mit der Haut nach oben bei etwa 220–250 °C ins Backrohr (oder unter den Grill) schieben, bis die Haut knusprig, aber nicht schwarz ist (die Äpfel und die Maroni können bei Bedarf warm gestellt und am Schluss in einer separaten Schüssel serviert werden). Zum Schluss den Bratenrückstand mit etwas Mehl stauben, mit Hühner- oder Ganslsuppe ablöschen und einkochen. Den Saft separat in einer Sauciere zur Gans servieren. Als Beilagen empfehlen sich Rotkraut und Semmelknödel.

Weinherbst und Lesegans

Der vom leider viel zu früh verstorbenen Feinschmecker und Touristiker Klaus Merkl zu Beginn der 1990er Jahre gegründete niederösterreichische „Weinherbst" ist in kurzer Zeit zu einem der größten und bestangesehenen Weinfestivals der Welt geworden. Genau so wichtig wie die edlen Tropfen ist allerdings, was man dazu isst, und das ist in Niederösterreich nun einmal Mutter Gans. Ob nach der Weinlese eine Lesegans, zu Martini eine Martinigans oder zu Weihnachten eine Weihnachtsgans: Die Gans zählt zu Niederösterreichs kulinarischen Wappentieren. Gezüchtet wird sie heute vor allem im Marchfeld, doch auch das Waldviertel hieß früher – durchaus mit Recht – Gansviertel. Übrigens: Niederösterreichische Gänseleber ist aufgrund der strengen heimischen Tierschutzgesetze natürlich gewachsen und nicht künstlich „gestopft". |

Gebratener Truthahn

Ein Rezept aus Vorarlberg

Zutaten

1 küchenfertiger Truthahn
(ca. 3,5–5 kg)
Salz, Pfeffer
100 g durchzogene
Speckscheiben
ca. 120–150 ml Weißwein
2 EL Butter
2 EL Mehl
3–4 EL Schlagobers
Geflügelfond zum Aufgießen

Für die Fülle:
das Brät von ca. 200–250 g
G'schwollenen oder anderen
Bratwürsten
6–8 EL Butter
1 Zwiebel
1–2 Stangen Staudensellerie
2 EL gehackte Petersilie
ca. 200 g gekochte
Semmelknödel
Salbei
Salz, Pfeffer
eventuell etwas Obers

Zubereitung

■ Truthahn innen und außen kräftig mit Salz und Pfeffer würzen. ■ Für die Fülle das Brät ausdrücken und in einer Pfanne braun werden lassen. Brät herausheben, überschüssiges Fett aus der Pfanne abgießen. Im Bratfond 3 EL frische Butter schmelzen, gehackte Zwiebel und würfelig geschnittenen Sellerie zugeben und alles bissfest dünsten, nach Belieben die gehackte Truthahnleber beigeben und mitdünsten. Gehackte Petersilie einrühren und Kasserolle vom Feuer nehmen. Kalte Semmelknödel in einer Schüssel zerbröckeln und mit Wurstbrät, Gemüse und Gewürzen vermengen. Abschließend die restliche flüssige Butter und gegebenenfalls etwas Obers einmengen und zu einer geschmeidigen Fülle verarbeiten.

■ Truthahn füllen, Öffnung vernähen und auf einen Bratenrost legen. Truthahn auf der Brustseite mit Speckscheiben belegen und über diese dann am besten ein mit Wein befeuchtetes altes Geschirrtuch breiten. Restlichen Wein über das Tuch gießen und im auf ca. 170 °C vorgeheizten Backrohr zunächst 30 Minuten lang braten, dann den Braten mit dem Geflügelfond begießen und je nach Größe 4–5 Stunden lang auf etwa 150–160 °C langsam garen, wobei das Tuch regelmäßig mit dem Fond feucht gehalten werden muss. Etwa 30 Minuten vor Ende der Bratzeit Tuch und Speckstreifen entfernen, Temperatur auf 190–200 °C erhöhen und ohne weiteres Aufgießen fertig braten, bis die Haut knusprig ist. Bratensaft abgießen, entfetten und Truthahn im leicht geöffneten Rohr noch rasten lassen. ■ In einer kleinen Kasserolle Butter aufschäumen, Mehl einrühren, kurz durchrösten und mit Bratensaft und Schlagobers aufgießen. Sauce nochmals kräftig durchkochen und mit Salz und Pfeffer abschmecken. Truthahn tranchieren und auf einer Platte möglichst dekorativ anrichten. Die Sauce und die in Scheiben geschnittene Fülle extra servieren.

Kaninchen auf Hofküchenart

Ein Alt-Salzburger Rezept

Zutaten

1 küchenfertiges Kaninchen
2–3 EL fein gehackter
Estragon (oder 1 Msp.
getrockneter Estragon)
Salz und Pfeffer aus
der Mühle
Mehl zum Bestäuben
3 EL Pflanzenöl
300 ml Hühnersuppe
1 l Wasser
8 Pfefferkörner
4 zerdrückte
Wacholderbeeren
1 Lorbeerblatt
3 EL Apfelessig
8 Frühlingszwiebeln
4 Karotten
1 große gelbe Rübe
½ Knolle Sellerie
1–2 Knollen Topinambur
8–12 Butterflocken
1 EL geriebener Kren
1 EL grob gehackter
Schnittlauch

Zubereitung

■ Das Kaninchen möglichst bereits vom Händler in mehrere Stücke zerhacken lassen. Die Kaninchenteile waschen und mit Küchenkrepp trockentupfen, mit Salz, Pfeffer und Estragon würzen, leicht in Mehl wälzen und in heißem Öl rundum anbraten. Im auf 180 °C vorgeheizten Rohr knapp 1 Stunde weiterbraten und dabei möglichst oft mit reichlich Hühnersuppe begießen (es sollte sich immer ein Daumen breit Flüssigkeit in der Bratpfanne befinden). ■ In der Zwischenzeit die Frühlingszwiebeln schälen und das Grün bis zum Stielansatz entfernen. Die übrigen Gemüse grobwürfelig oder in Scheiben schneiden und in leicht wallendem Essigwasser mit den angegebenen Aromaten garziehen lassen, bis sie bissfest sind. Die abgetropften Gemüse 5 Minuten vor Garungsende unter die Kaninchenteile mischen, Butterflocken draufsetzen und noch kurz mitbraten. Das fertig gebratene Kaninchen in der Kasserolle, mit Kren und Schnittlauch bestreut, heiß servieren. Dazu passen geröstete oder Salzerdäpfel.

Weinviertler Spargelkitzerl

Ein Rezept aus dem niederösterreichischen Marchfeld

Zutaten

für 8–10 Portionen

1 ganzes Ziegenkitz
4 EL Pflanzenöl
300 ml Veltliner
150 ml Spargelsud
oder Suppe
Salz, Pfeffer
1 Zweiglein fein gehackter,
frischer Estragon
2 kg Spargel
1 Prise Zucker
1 Schuss Essig

Zubereitung

■ Das Kitz in vier Teile zerlegen und in Pflanzenöl allseitig anbraten. Sobald alle Teile Farbe genommen haben, salzen, pfeffern und bei 230 °C ca. 20–25 Minuten lang braten. Dann die Hitze stufenweise bis auf 180 °C reduzieren, den Bratfond mit Weißwein ablöschen und das Kitz unter häufigem Begießen mit Spargelsud weitere 60 Minuten braten. ■ In der Zwischenzeit die Spargel schälen, von holzigen Teilen befreien und in Salz-Essig-Zucker-Wasser je nach Dicke 12–20 Minuten kochen. ■ Das Kitz in kleinere Stücke tranchieren und auf einer heißen Platte anrichten. Gekochte Spargel durch den (allenfalls leicht gestaubten und kurz eingekochten) Bratensaft ziehen, über die Kitzstücke drapieren und mit Estragon bestreuen. Als Beilage Braterdäpfel reichen.

Innereiengerichte

Wiener Katzeng'schroa

Im Unterschied zum Linzer Katzeng'schroa wird das
Wiener Rezept nicht nur mit Fleisch, sondern vor allem
auch mit Innereien zubereitet.

Zutaten

300 g Schweins- oder
Kalbsleber

300 g Schweins- oder
Kalbsnieren

300 g ausgelöster
Kalbsschlögel oder
Schnitzelfleisch

120 g Zwiebeln

100 g Pflanzenöl
oder Butterschmalz

Salz, Pfeffer, Majoran

2 EL Essig

2 EL Mehl

250 ml Rindsuppe

Zubereitung

■ Leber, Niere und Fleisch in mundgerechte Stücke schneiden. Zwiebeln
fein schneiden und in heißem Fett
glasig anrösten. Fleisch und die Innereien hinzufügen und rundum braten.
Anschließend das Ganze würzen, mit
Mehl stauben und mit Suppe aufgießen,
kurz aufkochen, mit Essig abschmecken und sofort auftragen. Mit Erdäpfel-
püree und Blattsalat servieren.

Maischelen (Schweinsinnereien im Netz)

Eine Kärntner Spezialität

Zutaten
für 4–6 Portionen

40 g Rollgerste
800 g Schweinsinnereien
(Lunge, Herz, Schweins-
backerl, Zunge)
2–3 Knoblauchzehen
Salz, Pfeffer
1 EL sehr fein gehackte
gemischte Kräuter
(Thymian, Majoran, Basilikum)
2 zerdrückte Wacholderkörner
100 ml Rindsuppe
1 gewässertes Schweinsnetz
4 EL Schweineschmalz

Zubereitung

■ Rollgerste weichkochen. Inzwischen die Innereien und das Fleisch grob hacken, cuttern oder durch den Fleischwolf drehen. Rollgerste untermengen, mit den zerdrückten Knoblauchzehen, Gewürzen und Kräutern würzen, etwas Rindsuppe zugießen und zu einer geschmeidigen, formbaren Masse verarbeiten (notfalls etwas Heidenmehl oder Semmelbrösel dazugeben, damit sich die Masse besser kneten lässt). ■ Aus der Masse Laibchen formen, jeweils in ein abgetupftes, zurechtgeschnittenes Stück Schweinsnetz einschlagen und in reichlich heißem Schweineschmalz knusprig-goldbraun backen. Mit Braterdäpfeln und Sauerkraut oder sauren Rüben heiß servieren.

Wachauer Veltlinerbeuscherl

Ein Rezept aus Niederösterreich

Zutaten

1 ganzes Schweins- oder
Kalbsbeuschel mit Herz
1 Bund Wurzelwerk
1 Zwiebel
2 Lorbeerblätter
6 Pfefferkörner
4 Pimentkörner
1 Sträußchen Kuttelkraut
(Thymian)
3 EL Essig

Für die Fertigstellung:

60 g Butter
60 g Mehl
1 Prise Zucker
2 fein gehackte
Frühlingszwiebeln
2 KL fein gehackte Kapern
1 EL fein gehackte Petersilie
1 Msp. Sardellenpaste
1 Msp. scharfer Senf
abgeriebene Schale von
½ unbehandelten Zitrone
250 ml Wachauer Grüner
Veltliner
Salz, Pfeffer
Majoran
4 EL Sauerrahm oder
Crème fraîche
Sauerrahm oder Gulaschsaft
zum Garnieren

Zubereitung

■ Beuschel und Herz gründlich waschen und mit Wurzelwerk, halbierter Zwiebel, Lorbeerblättern, Pfefferkörnern, Piment, Kuttelkraut und Essig etwa 90 Minuten lang kochen, anschließend im Sud erkalten lassen. Danach das Fleisch feinnudelig schneiden und dabei von Luftröhre und knorpeligen Stücken befreien.

■ Aus Butter, Mehl und etwas Zucker eine Einbrenn zubereiten und in dieser die angegebenen Aromastoffe anrösten. Mit Wein und ca. 500 ml abgeseihtem Beuschelsud aufgießen und einige Minuten köcheln lassen. ■ Dann Beuschelfleisch zugeben, gut durchrühren, mit Salz, Pfeffer und Majoran abschmecken. Je nachdem, ob das Beuschel mehr oder weniger suppig geraten soll, nochmals mit Sud aufgießen, kurz aufkochen und dann etwa 20 Minuten ziehen lassen. Vor dem Servieren mit einem Klacks Sauerrahm oder Gulaschsaft garnieren.

Tipp:
Man kann die Bindung durch die Einbrenn weitgehend umgehen, indem man vor dem Servieren püriertes oder sehr fein gehacktes Wurzelwerk unter das Beuschel rührt.

Tiroler Leber

Das Gericht, das von Innsbruck aus um die Welt ging

Zutaten

600–700 g Kalbsleber
Salz, Pfeffer
Mehl zum Wenden und
Stauben
2–3 EL Butterschmalz oder Öl
3 EL Butter
1–2 EL gehackte Zwiebeln
ca. 150 ml Rindsuppe oder
Wasser zum Aufgießen
1–2 KL gehackte Kapern
etwas Zitronensaft
und -schale
3–4 EL Sauerrahm
eventuell gebratene
Speckstreifen zum Garnieren

Zubereitung

■ Die Kalbsleber gut enthäuten, allfällige Stränge entfernen und in Streifen schneiden. Die Leberstreifen beidseitig mit Salz und Pfeffer würzen und auf einer Seite mit Mehl bestauben. In einer Pfanne das Schmalz erhitzen, die Leber bei großer Hitze rundum rasch anbraten, aus der Pfanne heben und warm stellen. ■ Das überschüssige Fett aus der Pfanne abgießen und durch frische Butter ersetzen, kurz aufschäumen lassen. Die fein gehackten Zwiebeln darin hell anschwitzen, mit etwa 1 EL Mehl stauben und mit Rindsuppe ablöschen. Die Kapern fein hacken und gemeinsam mit der geriebenen Zitronenschale in die Sauce geben, kurz durchrühren und anschließend den versprudelten Sauerrahm zugeben. Einige Minuten kräftig durchkochen, mit Zitronensaft abschmecken, die Leberstreifen wieder einlegen und Hitze reduzieren. Die Leber soll nur mehr kurz in der Sauce ziehen. Je nach Wunsch können die Leberfilets abschließend noch mit gebratenen Speckstreifen garniert werden. Als Beilagen empfehlen sich Fisolen, übergrillte Tomaten und Erdäpfelrösti.

Spargelköpfe mit Kalbsbries und Flusskrebserln

Ein Rezept aus der niederösterreichischen Schlossküche

Zutaten

ca. 750 g grüner
und weißer Spargel
Salz
1 Schuss Essig
1 Prise Zucker
10 g Butter für den Sud
150 g Bandnudeln
4 Schalotten
200 g Kalbsbries
Pfeffer aus der Mühle
Mehl zum Wenden
1 nussgroßes Stück Butter
1 EL Rapsöl
80 ml Kalbsfond oder
Rindsuppe
3 EL Crème fraîche
8–12 ausgelöste Flusskrebserl
1 Schuss Zitronensaft
2 EL klein gehackte Petersilie

Zubereitung

■ Spargel schälen, die Köpfe groß-zügig abschneiden und beiseite legen. Holzige Stücke entfernen und rest-lichen Spargel in Salz-Essig-Zucker-Wasser mit etwas Butter weichkochen. Spargel herausheben, abtropfen lassen und für Spargelsuppe oder -salat weiter-verwenden. Etwa 80–100 ml Spargel-fond aufbewahren. ■ Bandnudeln in Salzwasser bissfest kochen, abseihen und warm halten. Inzwischen Schalot-ten fein hacken, das gut geputzte Bries in möglichst gleich große und gleich dicke Medaillons schneiden, salzen, pfeffern und leicht bemehlen. ■ Butter und Öl in einer Pfanne erhitzen. Das Bries von jeder Seite 1 Minute lang auf großer Hitze braten, herausnehmen und warm stellen. Im verbliebenen Fett Schalotten und Spargelköpfe zart andünsten, mit Kalbs- und Spargel-fond ablöschen und 3 Minuten lang einkochen. Crème fraîche darunter-rühren und sobald die Sauce glatt und mollig wird, das Bries und die Krebsenschwänze noch 1 Minute lang gemeinsam mit den Spargeln durch-ziehen lassen. Mit Zitronensaft ab-schmecken, mit Petersilie bestreuen und auf den Bandnudeln anrichten.

Gekochte Rindszunge mit Sardellensauce

Ein Rezept aus der Alt-Wiener Schlachthausküche

Zutaten

1 frische, grüne (nicht
gepökelte) Rinds- oder
2 Kalbszungen
1 Lorbeerblatt
Pfefferkörner, Salz
1 große Zwiebel
100 g Spickspeck
2 Sardellenfilets
1 KL Kapern
2 EL Butterschmalz
1–2 EL Mehl
ca. 150 ml Rindsuppe
zum Aufgießen
4 EL Sauerrahm
Zitronensaft und -schale
1 TL Estragonsenf
gehackte Petersilie
zum Bestreuen

Zubereitung

■ Die Rindszunge mitsamt den Gewürzen in Salzwasser zart wallend etwa 2–3 Stunden lang weichkochen, mit kaltem Wasser abschrecken und die Haut abziehen. Die Zwiebel fein hacken, den Spickspeck in längliche Streifen schneiden, Sardellenfilets sowie Kapern sehr fein hacken. Nun die Zunge, am besten mit einer Spicknadel, der Länge nach mit Speck spicken.

■ In einem geeigneten Topf das Butterschmalz erhitzen, Zwiebeln darin glasig anschwitzen, Sardellenfilets sowie Kapern hinzufügen und kurz mitdünsten lassen. Alles mit etwas Mehl stauben, mit Rindsuppe ablöschen und einige Minuten durchkochen. Sauerrahm glattrühren, in die Sauce geben, mit etwas Zitronensaft und geriebener Zitronenschale, Salz und Senf abschmecken und nochmals mollig einkochen.

■ In die sämige Sauce Zunge wieder einlegen und knapp 15 Minuten zugedeckt ziehen lassen. Vor dem Servieren Zungen in Scheiben schneiden und diese fächerförmig auf einer vorgewärmten Platte anrichten. Sauce rundherum angießen und mit fein gehackter Petersilie bestreuen. Dazu passen in Butter geschwenkte Teigwaren (Bandnudeln etc.) und Tomatensalat.

Die Küche der österreichischen Regionen

Saure Nieren

Ein Rezept aus Vorarlberg

Zutaten

2–3 Kalbsnieren je nach
Größe
2 EL Butterschmalz oder Öl
1 Zwiebel
1 EL Mehl
Essig
Rindsuppe oder Wasser
zum Aufgießen
Salz, Pfeffer
1 Lorbeerblatt
einige Wacholderbeeren
2 EL Crème fraîche oder
Sauerrahm

Zubereitung

■ Kalbsniere gut zuputzen, Harnstränge entfernen und Niere in kleine Stücke teilen. In einer Pfanne Butterschmalz oder Öl erhitzen, fein gehackte Zwiebel darin goldgelb anrösten, Nieren zugeben und kurz mitrösten. Mit Mehl stauben, durchrösten und mit einem Schuss Essig sowie etwas Rindsuppe oder Wasser aufgießen. Gewürze hinzufügen und alles bei mäßiger Hitze 20–30 Minuten weichdünsten. ■ Lorbeerblatt entfernen, Sauerrahm bzw. Crème fraîche einrühren, nochmals abschmecken und die Sauce sämig einkochen. Als Beilage empfiehlt sich Hafeloab (s. Rezept S. 111).

Tipp:
Dasselbe Rezept lässt sich auch kostengünstiger mit gut gewässerten Schweinsnieren oder bereits gekochten Kutteln zubereiten.

Blunz'nbaunzerl mit Süßmostkraut

Ein oberösterreichisches Rezept aus Freistadt im Unteren Mühlviertel

Zutaten

500 g Blutwurst
700 g Erdäpfel
Pfeffer, Muskatnuss
2 zerdrückte Knoblauchzehen
Mehl zum Wälzen
2–3 Eier
Schmalz oder Öl zum Backen

Für das Süßmostkraut:

800 g weißes Kraut
Salz
250 ml Süßmost
1 Schuss Essig
oder Zitronensaft
1 Prise Zucker
3 EL Butterschmalz
1 gehackte Zwiebel
Rindsuppe zum Aufgießen
1 EL Mehl zum Stauben

Tipp:
Wenn Sie das Kraut nicht gerne
allzu süß mögen, so empfiehlt
es sich, Most und Süßmost
zu gleichen Teilen zu mischen.

Zubereitung

■ Von der Blutwurst zunächst die Haut abziehen und die Wurst in nicht ganz fingerdicke Scheiben schneiden. Dann die Erdäpfel schälen, auf einem Reibeisen grob reiben und rasch mit etwas Pfeffer und Muskatnuss sowie den gepressten Knoblauchzehen vermengen. ■ Die Blutwurstscheiben zuerst in Mehl, dann in den verquirlten Eiern wenden und abschließend gut mit der Erdäpfelmasse umhüllen. In einer großen Pfanne ausreichend Öl oder Schmalz erhitzen und darin die Blunz'nbaunzerl beidseitig goldbraun backen. Herausheben und mit Küchenkrepp gut abtupfen. ■ Für das Süßmostkraut das Kraut ohne Strunk und äußere Blätter fein hobeln, gut salzen und mit einer Mischung aus der Hälfte des Süßmosts (ca. 125 ml), einem kräftigen Schuss Essig oder Zitronensaft und einer Prise Zucker beträufeln. Das Kraut mehrmals gut durchmischen und mindestens 1 Stunde lang stehen lassen. In einer Kasserolle das Schmalz erhitzen, Zwiebeln darin hell anrösten, danach das Kraut zugeben, mit etwas Rindsuppe aufgießen und das Kraut weichdämpfen. Ist das Kraut weich, mit etwas Mehl stauben, den restlichen Süßmost zugießen und alles nochmals kräftig durchkochen. Das fertige Süßmostkraut am besten getrennt anrichten, damit die knusprigen Blunz'nradeln nicht zu schnell feucht werden.

Blunz'ngröstl

Ein Rezept aus dem niederösterreichischen Mostviertel

Zutaten
für 4–6 Portionen
600 g Blutwurst
2 EL Schmalz
1 kleine Zwiebel
1–2 gekochte Semmelknödel
60 g Grammeln
3 vorgekochte Erdäpfel
Salz, Pfeffer

Zubereitung
■ Zwiebel kleinwürfelig schneiden, in Schmalz anschwitzen, in Scheiben geschnittene Blutwurst hinzufügen, kurz mitrösten, Semmelknödel und Erdäpfel feinblättrig schneiden und in der Pfanne goldbraun mitrösten. Mit Salz und Pfeffer abschmecken. Grammeln hinzufügen und heiß servieren. Dazu passt Blattsalat mit ausgelassenen Speckwürfeln oder gerösteten Schwarzbrotwürfeln.

Fleisch- und Wildgerichte

Steirisches Krenfleisch

Der Klassiker aus der grünen Mark

Zutaten

800 g Schweinsschulter
Salz
125 ml Apfelessig
2 Lorbeerblätter
4 Pfefferkörner
4 Karotten
2 gelbe Rüben
½ Sellerieknolle
1 Petersilwurzel
½ Stange Lauch
1 mittlere Zwiebel
150 g gerissener Kren

Zubereitung

■ Das Fleischstück im Ganzen in dem mit Essig und Gewürzen aromatisierten Salzwasser 40 Minuten lang kochen. In der Zwischenzeit Karotten, Rüben, Sellerie und Petersilwurzel putzen, waschen, feinstiftelig schneiden. Zwiebel und Lauch in Ringe schneiden und gemeinsam mit dem Wurzelwerk in den Topf geben und ungefähr weitere 20 Minuten kochen, bis das Fleisch weich ist. ■ Das Fleisch portionieren, indem man es quer zur Faser schneidet; mit etwas Sud übergießen, mit Wurzelwerk belegen und mit dem auf einem Reibeisen oder einer Raffel gerissenen Kren bestreuen. Mit Salzerdäpfeln heiß servieren.

Tipp:
Statt mit Schweinsschulter wurde dieser Klassiker früher auch gerne mit einem ganzen Schweinskopf zubereitet, was das Gericht noch wesentlich nahrhafter machte. Besonders gut schmeckt dieses Gericht auch, wenn man die Schulter durch 2–3 hintere Stelzen ersetzt, die man sich vom Fleischer gleich in 3 cm dicke „Radeln" sägen lässt.

G'selchtes mit Sauerkraut und Grießknödeln

Die oberösterreichische Leibspeis schlechthin

Zutaten

800 g G'selchtes
(Teilsames oder Karree)
1 Bund Suppengrün
1 kleine Zwiebel
1 Lorbeerblatt
4 Neugewürzkörner

Für das Sauerkraut:

500 g Sauerkraut
1 Lorbeerblatt
6 Wacholderbeeren
6 Pfefferkörner
100 g durchzogener Speck
im Ganzen mit Schwarte
1–2 EL Butterschmalz
1 EL griffiges Weizenmehl
150 ml Rindsuppe
Salz, Pfeffer aus der Mühle

Für die Grießknödel:

500 g Grieß
100 g Butter- oder
Schweineschmalz
500 ml Salzwasser
oder Selchsuppe

Zubereitung

■ G'selchtes vor dem Kochen 1 Stunde lang in kaltes Wasser legen, damit es später nicht überwürzt schmeckt. Danach frisches, ungesalzenes Wasser zum Kochen bringen, Suppengrün, Zwiebel und G'selchtes mit Gewürzen dazugeben und ca. 50–60 Minuten lang leicht wallend kochen. ■ Das Sauerkraut in kaltem Wasser aufstellen. Gewürze in ein Leinen- oder Teesäckchen binden, vom Speck die Schwarte abtrennen und diese gemeinsam mit den Gewürzen dem Kraut zufügen und alles zum Kochen bringen. Je nach Belieben 30–45 Minuten köcheln lassen. Wasser abgießen, Speckschwarte und Gewürze entfernen. Den restlichen Speck in kleine Würfel schneiden, in einer Pfanne das Butterschmalz zerlassen und die Speckwürfel darin anrösten. Mit etwas Mehl stauben, kurz anziehen lassen und mit Rindsuppe aufgießen. Nun nach und nach das Sauerkraut einrühren und alles noch einige Minuten durchkochen. Mit Salz und Pfeffer nochmals abschmecken. ■ Für die Grießknödel den Grieß zunächst mit heißem Fett, darauf mit siedend heißem, leicht gesalzenem Wasser oder Selchsuppe übergießen, anschließend 1 Stunde lang ziehen lassen. Mit feuchten Händen mittelgroße Knödel formen. Die Knödel in kochendes Salzwasser einlegen und wallend kochen, bis sie nach ca. 8–10 Minuten aufsteigen. ■ Eine große, gut vorgewärmten Platte mit dem fertigen Sauerkraut auslegen, darauf das in ca. 1 cm dicke Scheiben geschnittene G'selchte legen und die Grießknödel rundherum anrichten.

Tipp:
Zu diesem Gericht gehört entweder ein gepflegtes Bier oder ein Krug Most.

Flößerpfanne

Ein Ennstaler Rezept aus Weyer Markt in den oberösterreichischen Eisenwurzen

Zutaten

4 Schweinskoteletts
1 Knoblauchzehe
Salz, Pfeffer aus der Mühle
2 EL Butterschmalz
Mehl zum Wenden
100 g durchzogener Speck (Frühstücksspeck)
1 Karotte
1 Zwiebel
150 g Eierschwammerl oder Champignons
ca. 200 ml Rindsuppe oder Wasser zum Aufgießen
etwas Kümmel
400 g Erdäpfel
150 g Erbsen
gehackte Kräuter (Petersilie, Schnittlauch, Kerbel, Estragon etc.)

Zubereitung

■ Die Koteletts zart klopfen, an den Rändern einschneiden, mit der leicht angepressten Knoblauchzehe einreiben und mit Salz und Pfeffer kräftig würzen. In einer großen Pfanne das Butterschmalz erhitzen, Koteletts beidseitig in Mehl wälzen, anschließend auf beiden Seiten goldbraun braten und wieder aus der Pfanne heben. ■ Speck, Karotte und Zwiebel kleinwürfelig, die Eierschwammerl bzw. die Champignons in gröbere Stücke schneiden. Im zurückgebliebenen Fett nun zunächst die Speck- und Zwiebelwürfel anrösten, dann die Karotten und Eierschwammerl zugeben und mit Rindsuppe oder Wasser aufgießen. Mit Kümmel, Salz und Pfeffer würzen und die warm gestellten Koteletts wieder in die Pfanne zurücklegen. Die geschälten Erdäpfel in Scheiben schneiden, dazugeben und alles zugedeckt gut ½ Stunde weichdünsten. ■ Kurz vor Ende der Garzeit die Erbsen gesondert weichkochen und einmengen, kurz mitdünsten. Die weichgedünsteten Koteletts mit gehackten Kräutern bestreuen und anrichten. Als Beilage empfiehlt sich Vogerlsalat.

Schweinskotelett in Mostapfelsauce

Ein Rezept aus der mittelalterlichen Zunftstadt Waidhofen
an der Ybbs im niederösterreichischen Mostviertel

Zutaten

4 gut durchzogene
(nicht zu magere) lange
Schweinskoteletts
Salz, Pfeffer
1 Prise gemahlener Kümmel
2 EL Schweineschmalz
100 ml naturtrüber Apfelsaft
2 Knoblauchzehen
1 kleiner saurer Mostapfel

Zubereitung

■ Koteletts mit den Fingern beidseitig gut andrücken (nicht klopfen) und mit Salz, Pfeffer und Kümmel einreiben. Schweineschmalz in einer Pfanne zerlassen und die Koteletts darin auf beiden Seiten goldbraunknusprig braten, aber nicht ganz durch werden lassen. ■ Koteletts warm stellen, überschüssiges Fett abgießen und den Bratfond mit dem Apfelsaft aufgießen. Den fein gehackten Knoblauch und den geschälten und kleinwürfelig geschnittenen Apfel dazugeben und bei mittlerer Hitze etwas anziehen lassen. Die Koteletts mitsamt dem Saft, der sich beim Warmstellen am Teller angesammelt hat, dazugeben und auf kleiner Flamme 1–2 Minuten ziehen lassen. Koteletts auf gut vorgewärmten Tellern anrichten, mit der Apfelsauce übergießen, das Ganze mit Salzerdäpfeln servieren.

Tipp:
Wenn Sie die Sauce vor dem Servieren mit einem Schuss Apfelbalsamico-Essig würzen und einige eiskalte Butterflocken darin zum Schmelzen bringen, schmeckt sie gleich noch einmal so gut.

Rippalan mit Erdäpfelsoß

Ein altes Kärntner Bauernrezept

Zutaten
für 5 Portionen

1 kg geselchte
Schweinsrippen
500 g Erdäpfel
2 EL Schmalz
2 EL Mehl
500 ml Rindsuppe
Salz
1 Schuss Essig
1 Prise Majoran
1 Prise Basilikum
1 Lorbeerblatt
2 EL Sauerrahm
1 Prise Muskatnuss
zum Abschmecken

Zubereitung

■ Die geselchten Rippen je nach Dicke der Stücke 50–70 Minuten lang leicht wallend kochen. Sind die Rippen sehr stark gesalzen, so empfiehlt es sich, in der Mitte des Kochvorgangs das Wasser abzugießen und durch neues (bereits kochendes, damit der Garungsprozess nicht unterbrochen wird) Wasser zu ersetzen. ■ In der Zwischenzeit die „Erdäpfelsoß" zubereiten. Erdäpfel dafür kochen, schälen, die eine Hälfte passieren, die andere blättrig schneiden. Schmalz in einem geeigneten Topf zerlassen, Mehl einrühren, daraus eine lichte Einbrenn zubereiten, diese mit Rindsuppe ablöschen und mit den übrigen Würzzutaten vermengen. Die passierten Erdäpfel einrühren und langsam zu einer dicklichen Sauce verkochen. Wenn nötig, noch etwas Rindsuppe zugießen. Wenn die Sauce die gewünschte sämige Konsistenz erreicht hat, etwas Sauerrahm einrühren und die blättrig geschnittenen Erdäpfel unterheben. Mit Muskatnuss abschmecken. ■ Die Rippenspeere der Breite nach in Stücke schneiden und diese, mit Erdäpfelsauce überzogen, heiß servieren. Dazu passt ausgezeichnet Sauerkraut.

Krautrouladen

Die auch als Krautwickler bezeichnete wienerische
Antwort auf das Balkangericht „Sarma"

Zutaten

50 g Reis
100 g Zwiebeln
4 EL Gänseschmalz
2 Knoblauchzehen
350 g faschiertes
Schweinefleisch
edelsüßes Paprikapulver
Pfeffer, Salz
1 Ei
8 große Wirsingkohlblätter
1 EL Pflanzenöl
100 g Frühstücksspeck
1 Msp. Kümmel
1 Lorbeerblatt
8 Pfefferkörner
1 kg Sauerkraut
300 g Geselchtes
Rindsuppe oder Wasser
zum Aufgießen
250 ml Sauerrahm
2 EL Mehl

Zubereitung

■ Reis gerade so weich dünsten,
dass er das Wasser aufgenommen hat,
aber noch nicht ganz gar ist. Klein
geschnittene Zwiebeln in heißem
Schmalz glasig anlaufen lassen und
nach einer Weile den fein gehackten
Knoblauch dazugeben. Das Faschierte
in einer Schüssel mit dem Reis und
den gedünsteten Zwiebeln vermischen,
mit etwas Paprika, Pfeffer und Salz
würzen und zuletzt das Ei darunterrühren. Von den gut gewaschenen
Wirsingblättern die dicken Teile des
Stängels wegschneiden und die Fülle
so darauf verteilen, dass sich aus den
Blättern schöne, gleich große Rouladen
formen lassen. ■ In einem Topf Öl
erhitzen. Den feinwürfelig geschnittenen Frühstücksspeck darin glasig
werden lassen. Mit Kümmel, Lorbeerblatt und Pfefferkörnern bestreuen,
etwas Wasser angießen und etwas
Paprikapulver einrühren. Sofort das
gut gewaschene, fein geschnittene
Sauerkraut einmengen. Das in Scheiben
geschnittene Geselchte und die Rouladen auf den Krautsockel setzen und
mit so viel Wasser aufgießen, dass
Fleisch und Rouladen gerade davon
bedeckt sind. Das Kraut bei sehr

kleiner Hitze zugedeckt gut 1 Stunde lang dünsten, dabei darauf achten, dass es nicht anbrennt. Notfalls noch etwas Wasser oder Suppe angießen.

■ Fleisch und Rouladen aus dem Topf heben und warm stellen. Inzwischen das Sauerkraut noch einmal gut abschmecken, Sauerrahm mit Mehl gut verrühren und unter das Kraut rühren. Weitere 5 Minuten unter ständigem Rühren köcheln lassen. Sauerkraut, Fleisch und Rouladen auf einer gut vorgewärmten Platte anrichten, mit einem Klacks frischem Sauerrahm garnieren und sofort servieren. Als Beilage empfehlen sich Salzerdäpfel.

Kalbsbraten mit Schwammerln

Ein Rezept aus dem Wien des 19. Jahrhunderts

Zutaten

für 4–6 Portionen

1–1,5 kg Kalbsschlegel
100 g Selchspeck
Salz, Pfeffer aus der Mühle
300 g Kalbsknochen
2–3 EL Butterschmalz
oder Butter
Rindsuppe oder Wasser
zum Aufgießen

Für die Garnituren:

1–2 EL Butter und 1 EL Mehl
für die Butterkugel
250 ml Sauerrahm
250 g Eierschwammerl
oder Pilze
insgesamt 2–3 EL Butter
zum Andünsten
300 g Erbsen
100–150 g gekochtes, in
Scheiben geschnittenes
Geselchtes

Zubereitung

■ Den gut zugeputzten, von allen Häutchen und Sehnen befreiten Kalbsschlegel mit dem in Streifen geschnittenen Selchspeck spicken, gut mit Salz und frisch gemahlenem Pfeffer würzen und wenn nötig mit einem Küchenspagat zusammenbinden. Die Kalbsknochen in eine passende Bratenpfanne legen, das Kalbfleisch mit der schönen Seite nach unten einlegen und mit dem erhitzten Butterschmalz übergießen. Etwas Wasser über die Knochen gießen und im auf 220 °C vorgeheizten Backrohr bei starker Hitze kurz braten. Nach etwa 10 Minuten Hitze auf 170 °C reduzieren, weitere 30 Minuten braten und dabei öfter Wasser oder Rindsuppe nachgießen. Kalbsbraten wenden und unter oftmaligem Begießen etwa 40 Minuten fertig braten. Den Kalbsbraten herausheben und warm stellen, die Knochen entfernen, das Fett aus der Kasserolle abschöpfen und den Saft passieren. Aus Butter und Mehl eine Kugel kneten, diese in den verbliebenen Saft einrühren, aufkochen,Sauerrahm einmengen und kräftig durchkochen, eventuell nochmals mit Wasser oder Suppe aufgießen. ■ Inzwischen die geputzten Eierschwammerl schneiden und

Die Küche der österreichischen Regionen

in 2 EL Butter in einer extra Pfanne leicht andämpfen, die Erbsen knackig kochen und in etwas heißer Butter schwenken. Das Geselchte in wenig Butter kurz erwärmen. ■ Wenn alle Beilagen fertig vorbereitet sind und die Sauce die gewünschte Molligkeit besitzt, den Kalbsbraten in Scheiben schneiden, auf einer warmen Vorlegeplatte anrichten und zwischen die Bratenscheiben jeweils eine warme Scheibe Geselchtes legen. Die Erbsen rund um den Braten drapieren. Die in Butter geschwenkten Eierschwammerl zügig in die fertige Sauce einrühren und den Braten vorsichtig damit überziehen. Die restliche Schwammerlsauce in einer eigenen Sauciere servieren.

Gewickelte Kalbsbrust

Dieses Gericht aus Vorarlberg geht auf ein Rezept
aus dem 1855 erschienenen Lindauer Kochbuch zurück.

Zutaten

1 nicht untergriffene
Kalbsbrust
Salz, Pfeffer
2 Semmeln
Milch zum Weichen
1 Ei
1 Eidotter
2 EL zimmerwarme Butter
Muskatnuss
1 G'schwollene
(oder andere Bratwurst)
2–3 Steinpilze
100 g Schinken
Butter zum Beträufeln
Weißwein und Rindsuppe
zum Aufgießen
kalte Butter oder Mehl
zum Binden

Zubereitung

■ Kalbsbrust auslösen und Brust flach-
drücken. Mit Salz und Pfeffer würzen.
Das Brät aus der Wursthaut herauslösen. Für die Fülle eingeweichte Semmeln, Ei, Eidotter, Butter, Salz, Pfeffer
und Muskatnuss gut vermengen, etwas
ziehen lassen. Das Wurstbrät zugeben
und alles nochmals gut vermischen.
Geputzte Steinpilze der Länge nach
teilen, Schinken in Streifen schneiden.
Die Masse auf die Kalbsbrust streichen,
Steinpilze und Schinkenstreifen darauf
verteilen und die Kalbsbrust von der
dicken Seite beginnend einrollen. Gut
mit Küchengarn festbinden. ■ Kalbsbrust in eine Bratenpfanne legen, mit
etwas Wasser untergießen und etwas
flüssige Butter darüberträufeln. Im
vorgeheizten Backrohr unter ständigem
Begießen bei 200–220 °C etwa 90 Minuten braten. Werden die ausgelösten
Knochen mitgebraten, so gerät der
Bratensaft später intensiver. Braten
herausheben, in Alufolie gewickelt
noch etwas rasten lassen. Währenddessen Bratenrückstand mit etwas
Weißwein und Suppe aufgießen, einkochen und nach Belieben mit etwas
kalter Butter oder Mehl binden.

Kalbsfrikandeau nach Hagger

Ein Rezept aus der fürsterzbischöflichen Salzburger Hofküche

Zutaten

1 kg Kalbsfrikandeau
(Unterschale der Kalbskeule)
50 g Streifen vom Spickspeck
Salz
weißer Pfeffer aus der Mühle
1 Msp. Ingwerpulver
1 Msp. Kardamompulver
2 in Scheiben geschnittene
Zitronen
1 Salbeiblatt
4 EL Butter
3 EL Semmelbrösel
100 ml Weißwein

Zubereitung

■ Frikandeau in vier Teile schneiden, mit den Speckstreifen spicken, leicht klopfen, mit Salz, Pfeffer, Ingwer und Kardamom würzen, mit Zitronenscheiben belegen (leicht andrücken) und das Fleisch 1 Stunde im Kühlschrank marinieren. Dann die Zitronen entfernen und das Frikandeau in Semmelbröseln wälzen. ■ Butter in einer Kasserolle schmelzen, die Fleischstücke darin allseitig anbraten, die Zitronenscheiben und das Salbeiblatt hinzufügen. Kasserolle abdecken und das Fleisch darin etwa 1 Stunde lang auf kleinster Flamme dünsten und gelegentlich wenden sowie bei Bedarf wenig Flüssigkeit (Suppe oder Wasser) hinzufügen. Salbeiblatt und Zitronen entfernen, mit Weißwein aufgießen, alles noch einmal aufkochen, anschließend heiß servieren. Dazu passt Butterreis und gedämpftes junges Gemüse.

Kalbskoteletts mit Eierschwammerln

Ein Rezept aus der steirischen Landeshauptstadt Graz

Zutaten

4 Kalbskoteletts
Salz, Pfeffer aus der Mühle
1 Knoblauchzehe
Mehl zum Wenden
2 EL Butterschmalz
100 g durchzogener Speck
(Frühstücksspeck)
1 Zwiebel
1 Karotte
150 g Eierschwammerl
(ersatzweise Champignons)
ca. 200 ml Rindsuppe
oder Wasser zum Aufgießen
Kümmel
400 g Erdäpfel
150 g Erbsen
2 EL gehackte Kräuter
(Petersilie, Schnittlauch,
Kerbel, Estragon etc.)

Zubereitung

■ Die Kalbskoteletts zart klopfen, an den Rändern einschneiden, mit der leicht angepressten Knoblauchzehe einreiben und mit Salz und Pfeffer kräftig würzen. In einer großen Pfanne das Butterschmalz erhitzen. Die Koteletts beidseitig in Mehl wälzen, anschließend auf beiden Seiten goldbraun braten und wieder aus der Pfanne heben. Den Speck, die Karotte sowie die Zwiebel kleinwürfelig, die Eierschwammerl bzw. die Champignons in gröbere Stücke schneiden. Im zurückgebliebenen Fett nun zunächst die Speck- und Zwiebelwürfel anrösten, dann die Karotten und Eierschwammerl einmengen und mit Rindsuppe oder Wasser aufgießen. Nochmals mit Kümmel, Salz und Pfeffer nachwürzen und die warm gestellten Koteletts wieder in die Pfanne zurücklegen. ■ Die Erdäpfel in Scheiben schneiden und ebenfalls in die Pfanne geben, alles gut ½ Stunde weichdünsten. Kurz vor Ende der Garzeit die Erbsen gesondert weichkochen, einmengen und kurz mitdünsten. Die weichgedünsteten Koteletts mit gehackten Kräutern bestreuen und anrichten. Als Beilage empfiehlt sich Feldsalat.

Kapuzinerschmorfleisch

Ein Tiroler „Klosterrezept" aus dem alten Innsbruck

Zutaten

4 daumendicke Scheiben
ausgelöstes Kalbskarree
(oder 4 größere Kalbs-
schnitzel)
1 kleine, entfettete Kalbsniere
Salz, Pfeffer
4 EL zerlassenes
Butterschmalz
300 ml trockener Weißwein
etwas Mehl zum Stauben
400 g gekochte Fisolen
100 g in Streifen
geschnittener Räucherspeck
1 Knoblauchzehe
1 Msp. Thymian

Zubereitung

■ Die ausgelösten Kalbskarrees so dressieren (zurechtschneiden und klopfen), dass man damit jeweils eine Nierenscheibe umschließen kann, die beiden Fleischenden mit einem Zahnstocher zusammenstecken. Die Fleischpäckchen salzen und pfeffern, mit zerlassenem Butterschmalz rundum bestreichen. Die Schnitzel in eine mit Butterschmalz und zer-drücktem Knoblauch ausgestrichene Bratpfanne legen und beidseitig darin anbraten. Mit Weißwein ablöschen, kurz aufkochen, Pfanne verschließen und das Fleisch auf sehr kleiner Flamme weichdünsten. ■ Inzwischen die Speckstreifen in einer anderen Pfanne auslassen, mit den Fisolen ver-mischen und mit Thymian, Salz und Pfeffer abschmecken. Das Kapuziner-bratl aus der Pfanne heben und warm stellen. Den Schmorsaft stauben und etwas einkochen. Die Bratenscheiben mit Saft übergießen und mit den heißen Speckfisolen servieren.

Wiener Schnitzel mit Petersilerdäpfeln

Eines der bekanntesten österreichischen Gerichte

Zutaten

4 Kalbsschnitzel von der Nuss,
Keule oder Schale à ca. 180 g
Salz
150 g Mehl (am besten
glatt und griffig gemischt)
2 Eier
1 Spritzer Zitronensaft
150 g Semmelbrösel
350 g Schweine- oder
Butterschmalz
40 g Butter
8–12 kleine, geschälte
Erdäpfel, 10 Min. vorgekocht
Butter zum Schwenken
1 Bund gezupfte Petersilie
1 in Scheiben geschnittene
Zitrone zum Garnieren

Zubereitung

■ Die Schnitzel mit einem Schnitzel-
klopfer auf beiden Seiten gut durch-
klopfen, salzen. In drei nicht zu flachen
Tellern die Panierzutaten vorbereiten:
gesiebtes Mehl, mit einem Spritzer
Zitronensaft versprudelte Eier sowie
Semmelbrösel. Schnitzel beidseitig
mit Mehl bestäuben, dann durch die
Eier ziehen und kurz abtropfen lassen.
Zuletzt in den Semmelbröseln wälzen
und die Panade dabei mit dem Gabel-
rücken zart andrücken, damit sie
später besser soufflieren (aufgehen).
■ In einer Pfanne mit möglichst
großem Durchmesser (oder in zwei
Pfannen mit kleinerem) das Schmalz
erhitzen, Schnitzel einlegen und auf

jeder Seite je nach Dicke 2–3 Minuten herausbacken. Etwa 1 Minute vor dem Ende des Backvorgangs dem Schweineschmalz noch etwas Butter hinzufügen, um dem Schnitzel noch ein feines, „nussiges" Aroma zu verleihen. Schnitzel mit einem Bratenwender aus der Pfanne heben und auf Küchenkrepp gut abtropfen lassen. ■ Inzwischen gekochte Erdäpfel in zerlassener Butter und gehackter Petersilie schwenken. Petersilerdäpfel extra in einer Schüssel, Schnitzel, mit Zitronenscheiben garniert, auf einer vorgewärmten Platte servieren.

Tipp:
Meisterkoch Adi Bittermann aus Göttlesbrunn schwört darauf, dass die Panade noch besser soufliert, wenn man beim Panieren in das verschlagene Ei einen Schuss Mineralwasser einmengt. Wichtig ist es auch, beim Ausbacken des Schnitzels die Pfanne wiederholt zu rütteln, damit das heiße Öl ständig das Schnitzel umgibt.

Kalbsgulasch mit Nockerln

Das klassische Wiener „Hofratsgulasch"

Zutaten

800 g Kalbsschulter

2 EL Butterschmalz

50 g Frühstücksspeck

250 g Zwiebeln

Rindsuppe nach Belieben

1–2 EL edelsüßes Paprikapulver

Salz

1 EL Mehl

100 ml Sauerrahm

eventuell etwas Tomatenmark

Für die Nockerl:

300 g glattes Mehl

2 Eier

2 Eidotter

2 EL flüssige Butter

125 ml Milch

Salz

Butter oder Butterschmalz zum Schwenken

Zubereitung

■ Kalbsschulter von groben Sehnen befreien und das Fleisch in etwa gleich große, mundgerechte Würfel schneiden. Butterschmalz in einer geeigneten Kasserolle zerlassen und darin zunächst den kleinwürfelig geschnittenen Speck und dann die fein gehackten Zwiebeln goldgelb rösten. Mit etwas Suppe aufgießen, Paprikapulver einrühren, Fleischwürfel hinzufügen, salzen und im eigenen Saft je nach Fleischqualität (mindestens jedoch 45 Minuten) weichdünsten.

■ Inzwischen für die Nockerl in einem großen, breiten Topf ausreichend Salzwasser zum Kochen bringen. Aus Mehl, Eiern, Eidottern, zerlassener Butter, Milch und Salz rasch einen glatten, nicht zu festen Teig rühren und diesen mithilfe eines Nockerlsiebes direkt in das wallende Wasser drücken. Umrühren, kurz aufkochen, Nockerl wieder abseihen und mit kaltem Wasser abschrecken. In einer großen Pfanne Butter oder Butterschmalz erhitzen und die gut abgetropften Nockerl darin schwenken.

■ Für die Fertigstellung des Gulaschs Mehl mit Sauerrahm vermischen und unter das Gulasch rühren. Falls nötig, mit etwas Tomatenmark oder

einer weiteren Prise Paprikapulver
zusätzliche Farbe geben. Das fertige
Kalbsgulasch gemeinsam mit den
Nockerln servieren.

Szegediner Gulyás

Eines der vielen erfolgreich „austrifizierten" Originalrezepte
der ungarischen Küche

Zutaten

800 g Schweinsschulter
2 große weiße Zwiebeln
4 EL Schweineschmalz
750 g Sauerkraut
2 rohe, geschälte Erdäpfel
Salz
1–2 EL edelsüßes
Paprikapulver
1 EL Tomatenmark
250 ml Sauerrahm

Tipp:
Schmecken Sie das Szegediner
Gulyás mit einem kräftigen
Schuss Furmint oder burgen-
ländischen Prädikatswein ab.

Zubereitung

■ Schweinefleisch in mundgerechte
Würfel schneiden. Zwiebeln fein hacken und in Schmalz anrösten. Fleisch
dazugeben und auf kleiner Flamme
etwa 15 Minuten lang (eventuell unter
Zugabe von etwas Wasser) dünsten.
Sauerkraut untermengen, die Erdäpfel
darüberreiben, mit Salz, Paprika und
Tomatenmark würzen, zum Schluss
alles mit Sauerrahm begießen (etwas
für die Garnitur zurückbehalten) und
denselben gut einrühren. Anschließend
das Fleisch mindestens 45 Minuten
lang weichdünsten. Fertiges Gulyás
vor dem Servieren mit etwas Sauerrahm garnieren.

Gefüllte Rinderlende

Die steirische Almwirtschaft schaffte schon immer eine
exquisite Grundlage für festliche Rindfleischgerichte wie dieses.

Zutaten

4 Scheiben Rinderlende
(Rindslungenbraten)
Salz, Pfeffer aus der Mühle
1 EL Butterschmalz oder Öl
zum Braten
750 g Erdäpfel
Butter zum Anbraten
300 g frischer (oder 1 Pkg.
tiefgekühlter) Blätterteig
Butter zum Ausstreichen
Mehl für die Arbeitsfläche
Eidotter zum Bestreichen

Für die Farce:

100 g gekochtes Geselchtes
100 g Steinpilze oder
Champignons
50 g Schalotten
(oder Zwiebeln)
1–2 EL gehackte Petersilie
3 EL Butter
Salz, Pfeffer

Zubereitung

■ Die Rindslenden gut mit Salz und frisch gemahlenem Pfeffer würzen, in heißem Fett rasch auf beiden Seiten kräftig anbraten und gleich wieder aus der Pfanne heben, überkühlen lassen. Nun die Erdäpfel schälen, blättrig schneiden und in reichlich heißer Butter beidseitig braten, herausheben, mit Küchenkrepp trockentupfen und salzen. ■ Für die Farce die geputzten Steinpilze oder Champignons, das Geselchte sowie die Schalotten fein hacken, Butter in einer Pfanne erhitzen und darin zunächst die Schalotten hell anrösten. Dann Champignons einmengen und so lange rösten, bis keine Flüssigkeit mehr vorhanden ist. Anschließend das gehackte Geselchte untermengen, mit Petersilie, Salz und Pfeffer abschmecken und auskühlen lassen. ■ Eine feuerfeste Form mit Butter ausstreichen und den Blätterteig auf einer bemehlten Arbeitsfläche so ausrollen, dass die Form damit völlig ausgelegt werden kann und noch genügend Teig für den Deckel und eventuelle Zierstreifen übrig bleibt. Die Form mit Blätterteig auskleiden, den Boden mit der Hälfte der Erdäpfelscheiben belegen, Rindslendenscheiben darauf drapieren und diese mit der vorbereiteten Farce bestreichen. Die restlichen Erdäpfelscheiben über die Farce verteilen und mit dem Teigdeckel abschließen, der je nach Lust und Können auch mit Teigstreifen dekorativ verziert werden kann. Teigdeckel und Zierstreifen mit Eidotter bestreichen und im auf 180 °C vorgeheizten Backrohr etwa 45 Minuten goldgelb backen. Als Beilagen empfehlen sich Speckfisolen und Blattsalate mit Tomaten und Kernöl.

Das Szegediner stammt nicht aus Szeged

Das Szegediner Gulyás, so werden vor allem ungarische Feinschmecker nicht müde zu betonen, sei kein Szegediner, sondern ein Szekler Gulyás, da es nämlich nicht in der Paprikastadt Szeged erfunden worden sei, sondern vielmehr von Szekler genannten Siebenbürgern. Doch auch das erweist sich, wie eine ungarische Gastronomiezeitschrift nachwies, als fromme Legende. Tatsächlich wurde das Székely-Gulyás nicht in Siebenbürgen, sondern 1846 in Budapest, exakt im Restaurant „Zur Spieluhr" im Stadtteil Pest erfunden. |

Esterházy-Rostbraten

Der Klassiker aus der burgenländisch-pannonischen Küche

Zutaten

4 schöne Rostbratenscheiben
à ca. 250 g von der Hochrippe
Salz, Pfeffer
etwas Mehl
1–2 EL Butter
1 kleine Karotte
½ gelbe Rübe
1 Petersilwurzel
1 Scheibe Sellerie
6–8 Frühlingszwiebeln
3 Sardellen
100 g Speck
1 EL fein gehackte Kapern
2 EL Sauerrahm
250 ml Rindsuppe
125 ml Sauerrahm und
1 EL Mehl zum Binden
1 Prise Zucker
1 Schuss Zitronensaft
1 EL fein gehackte Petersilie

Tipp:
Anstatt die Sauce mit Mehl
zu binden, kann man sie auch
mit dem Gemüse vor dem
Servieren im Mixer pürieren.

Zubereitung

■ Die Rostbratenscheiben mit den Daumen gut durchdrücken und an den Rändern mehrmals einschneiden. Salzen und pfeffern, auf einer Seite leicht bemehlen, mit dieser Seite zuerst in heißer Butter kurz anbraten, dann wenden. Inzwischen Wurzelwerk, Zwiebel und Sardellen feinnudelig, den Speck in Würfel schneiden. In einer Kasserolle abwechselnd geschnittenes Wurzelwerk, Zwiebeln, Sardellen, Speck und darauf jeweils eine Scheibe Rostbraten anordnen. Die letzte Lage Rostbraten mit Wurzelwerk, Kapern, verquirltem Sauerrahm und etwas Rindsuppe bedecken. Rostbraten zugedeckt im Backrohr bei schrittweiser Reduzierung von 200 auf 160 °C mindestens 90 Minuten weichdünsten.

■ Das gegarte Fleisch aus der Kasserolle heben und warm stellen. Vom Bratenrückstand das Fett abschöpfen. Das mit etwas Sauerrahm verquirlte Mehl einrühren, Salz, Zucker, Zitronensaft und nach Belieben nochmals Kapern beimengen. Den Bratensaft einige Minuten lang mollig einkochen. Die Rostbratenstücke mit der Sauce überziehen und mit Petersilie garnieren. Als Beilage empfehlen sich Spiralennudeln und Gurkensalat.

Die Küche der österreichischen Regionen

Girardirostbraten

Ein altes Rezept aus der steirischen Landeshauptstadt Graz

Zutaten

4 Scheiben Rostbraten à 180 g
Salz, Pfeffer
Öl oder Schmalz
zum Anbraten
1 mittlere Zwiebel
1 EL Butter
125 ml trockener steirischer
Weißwein
250 ml Rindsuppe
50 g Selchspeck
100 g Wiesenchampignons
Schale von ½ Zitrone
1 KL Kapern
200 g Wurzelwerk
1 EL fein gehackte Petersilie
1 EL Butter oder Pflanzenfett
1 EL Mehl
2 EL Sauerrahm

Zubereitung

■ Die Rostbratenstücke rundum einschneiden, plattieren, salzen, pfeffern, in heißem Öl oder Schmalz braten und beiseite stellen. Im Bratenfond die klein geschnittene Zwiebel leicht anbräunen, mit Weißwein und Rindsuppe ablöschen, kurz aufkochen, Hitze reduzieren, die Rostbraten einlegen und zugedeckt 1–1½ Stunden weichdünsten. ■ Währenddessen Kapern sehr fein hacken, Speck, Wurzelwerk und Champignons klein schneiden und mit Petersilie und Zitronenschale in wenig Fett anrösten. Mit Mehl stauben, Sauerrahm zugießen und unter die Rostbraten-Sauce mischen. Alles etwa 10 Minuten lang weiterdünsten, mit Serviettenknödeln oder Bandnudeln servieren.

Lammwandl

Ein Rezept aus dem Salzburger Pongau

Zutaten

750 g Lammschulter
1–2 Zwiebeln
2 EL Butterschmalz
oder Butter
Salz, Pfeffer aus der Mühle
Rosmarin
Thymian
1–2 gepresste
Knoblauchzehen
2 EL Crème fraîche
Butter für die Form

Für das Püree:

1 kg mehlige Erdäpfel
250 ml Milch
3 EL Butter
1 Ei
Salz
1 Prise Muskatnuss

Zubereitung

■ Zuerst die Lammschulter (ohne Sehnen und Häutchen) fein faschieren. Die Zwiebeln klein hacken, in Butterschmalz anschwitzen und das faschierte Lammfleisch einmengen. Nach kurzem Durchrösten mit Salz, Pfeffer, Rosmarin, Thymian sowie den gepressten Knoblauchzehen würzen. Die Crème fraîche einrühren und nochmals einige Minuten lang gut durchkochen, beiseite stellen. ■ Währenddessen die geschälten Erdäpfel in Salzwasser weichkochen, herausheben und ausdampfen lassen. Die Erdäpfel passieren und in einer Kasserolle unter fortwährendem Rühren erhitzen, die erwärmte Milch einfließen lassen und die Butter in kleinen Stückchen unterrühren. Wenn das Püree cremig ist, das Ei einmengen und mit Salz und Muskatnuss abschmecken.
■ Eine feuerfeste Form mit Butter ausstreichen, das Backrohr auf 170–180 °C vorheizen. Die Lammfarce in die Form einfüllen und das Püree mithilfe einer Spritztüte als dekoratives Gitter über die Farce spritzen (das Püree kann selbstverständlich auch aufgestrichen werden). Auf das Püree einige Butterflöckchen setzen und gut ½ Stunde goldbraun backen.

Die Küche der österreichischen Regionen

Majoranfleisch

Ein altes Rezept aus Kärnten

Zutaten

600–800 g Gulaschfleisch
vom Rind
250 g gehackte Zwiebeln
3 EL Schmalz oder Öl
1 Schuss Essig
Salz, Pfeffer
1 EL Majoran
ca. 150 ml Rindsuppe
oder Wasser zum Aufgießen
150 ml Sauerrahm
1–2 EL Mehl

Zubereitung

■ Das Rindfleisch wie für ein Gulyás dickblättrig schneiden. In einer passenden Kasserolle das Fett erhitzen, darin die gehackten Zwiebeln goldgelb anschwitzen, mit einem Schuss Essig ablöschen. Nun das Fleisch untermengen, kurz durchrösten und mit Salz, Pfeffer und Majoran kräftig würzen. Wenig Rindsuppe zugießen und das Fleisch zugedeckt bei mäßiger Hitze langsam weichdünsten. Während der etwa 90-minütigen Garzeit wiederholt umrühren und eventuell noch etwas Rindsuppe zugießen. Gegen Schluss hin sollte der Saft ziemlich eingekocht sein. Sauerrahm mit Mehl versprudeln und in die Sauce einrühren, aufkochen und so lange weiterkochen, bis die Sauce die gewünschte Molligkeit besitzt. Mit dicken Röhrennudeln servieren.

Fiakergulasch

Die opulente Feiertagsausgabe des „kleinen Gulaschs",
das im alten Wien oft schon zum Gabelfrühstück gereicht wurde

Zutaten

0,8–1 kg durchzogenes
Rindfleisch (z.B. Wadschinken
oder Rindsschulter)
600 g Zwiebeln
4 EL Öl oder Butterschmalz
3 EL edelsüßes Paprikapulver
Essig
Tomatenmark
1–2 gepresste
Knoblauchzehen
gemahlener Kümmel
Majoran
Salz
2 Paar Frankfurter Würstel
Butter zum Braten
4 Eier
4 Essiggurkerl
Paprikastreifen
zum Garnieren

Zubereitung

■ Fleisch von allzu starken Sehnen
und Fettstreifen befreien, aber durchaus durchzogen lassen – das Fett ist der
Geschmacksträger. In mundgerechte
Würfel schneiden. Geschälte Zwiebeln
blättrig schneiden und in einem passenden Topf in heißem Öl oder Butterschmalz unter ständigem Rühren
goldgelb anrösten. Vom Feuer nehmen,
Paprikapulver einrühren und sofort
mit einem Spritzer Essig und wenig
Wasser ablöschen. Kasserolle wieder
zurück auf den Herd stellen, Tomatenmark zugeben, kurz durchrösten und
das Fleisch untermengen. ■ Nun den
gepressten Knoblauch sowie die restlichen Gewürze zugeben und alles bei
nicht ganz geschlossenem Deckel je
nach Fleischqualität 1½–2½ Stunden
dünsten lassen. Während dieser Garzeit sollte die Flüssigkeit wiederholt
verdunsten und jeweils durch wenig (!)
frisches Wasser aufgefüllt werden.
Sobald das Fleisch weich ist, nur mehr
so viel Wasser zugießen, dass das
Fleisch gerade mit Flüssigkeit bedeckt
ist. Um den typischen Gulasch-Fett-
spiegel zu erhalten, das Gulasch nun
nochmals einige Zeit bei mäßiger
Hitze einkochen. ■ Damit aus dem

fertigen Saftgulasch ein Fiakergulasch
wird, nun Frankfurter Würstel in heißem Wasser erhitzen und gleichzeitig
in einer anderen Pfanne die Spiegel-
eier in heißer Butter braten. Jedes
Essiggurkerl fächerartig schneiden.
Das Gulasch auf vorgewärmten Tellern
anrichten und je ein Spiegelei sowie
ein Frankfurter Würstchen daraufsetzen, mit je einem Gurkerlfächer
sowie einigen Paprikastreifen garnieren. Dazu passen Salzerdäpfel oder
frisches Gebäck.

Die Wiener waren immer Schlemmer

*In ihrer langen kulinarischen Geschichte hat sich die Wienerstadt stets als
Meisterin im Kopieren und Vereinnahmen erfolgreicher fremdländischer Gerichte
und im Übrigen als eine wahre Hochburg schlaraffischen Schlemmens profiliert.
„Wer sich zu Wien nicht nähren kann", meinte etwa der Chronist Wolfgang Schmeltzl
bereits um 1540, „ist überall ein verdorbner Mann." Etwas poetischer, aber ebenfalls
recht eindeutig, drückte es Friedrich Schiller aus, der 1796 seine Einschätzung
der Wiener Bevölkerung in sicherer Entfernung zu Papier brachte: „Mich umwohnt
mit glänzendem Aug' das Volk der Phäaken, immer ist Sonntag, es dreht immer
am Herd sich der Spieß." Und was der Satiriker Hans Jörgel von Speising 1852 über
seine Landsleute sagte, lässt sich im Großen und Ganzen wohl auch heute noch
unterschreiben: „Im Ausland haben's ja eh die Vorstellung von Wien, dass da alleweil
die Backhendl'n h'rumfliegen." |*

Junglammkeule im Zweigeltsaftl

Ein Rezept aus dem steirischen Vulkanland

Zutaten

1 Keule vom Junglamm
150 g Selchspeck im Ganzen
Salz, Pfeffer
Thymian
150 g in Ringe geschnittene
Zwiebeln
200 g blättrig
geschnittenes Wurzelwerk
1 in Scheiben geschnittene
ungespritzte Zitrone
3 Lorbeerblätter
8 Pfefferkörner
3 Gewürznelken
1 Flasche Zweigelt (oder
ein anderer leichter Rotwein),
50 g Butter
1–2 EL Mehl
125 ml Sauerrahm

Zubereitung

■ Die Junglammkeule häuten, Knochen auslösen und mit dem in Streifen geschnittenen Speck spicken. Mit Salz, Pfeffer und Thymian würzen, mit Küchengarn zu einer Roulade binden. Die Lammkeule mit Zwiebelringen, Wurzelwerk, Zitronenscheiben und Gewürzen belegen, mit Zweigelt übergießen und an einem kühlen Ort einige Tage, mindestens aber 24 Stunden beizen, dabei öfters wenden.

■ Danach das Lammfleisch aus der Marinade heben, mit Küchenkrepp gründlich abtupfen, in eine gut befettete Bratenpfanne setzen und mit zerlassener Butter beträufeln. Backrohr auf 200 °C vorheizen und Lammkeule unter oftmaligem Begießen mit der Zweigeltmarinade etwa 1½ Stunden bei fallender Temperatur bis 170 °C braten. Herausheben, warm rasten lassen. Die Sauce mit etwas Mehl stauben, den Sauerrahm einrühren, nochmals aufkochen und die Lammkeule vor dem Servieren damit übergießen. Dazu passen Braterdäpfel und Fisolengemüse.

Die Küche der österreichischen Regionen

Wildderertopf

Ein Rezept aus dem Kärntner Gail- und Lesachtal

Zutaten

800 g gemischtes Wildragout
von Hase, Reh, Hirsch und/
oder Wildschwein
Salz, Pfeffer
1 EL Mehl
1–2 EL Butter
60 g Gailtaler Speck
1 mittlere weiße Zwiebel
Wasser
Wildfond oder Rindsuppe
zum Aufgießen
1 Prise Kümmelpulver
je 1 Msp. getrockneter
Thymian, getrockneter
Majoran, Quendel
(wilder Thymian)
und getrocknetes Basilikum
1 Lorbeerblatt
4 Wacholderbeeren
2 Knoblauchzehen
1 Schuss Rotweinessig
einige eiskalte Butterflocken
zum Verfeinern

Zubereitung

■ Das grob gewürfelte und von Sehnen und Knorpeln befreite Wildfleisch salzen und pfeffern sowie mit etwas Mehl bestäuben. In einer geeigneten Kasserolle die Butter zum Schmelzen bringen und darin auf mittlerer Flamme zunächst den würfelig geschnittenen Speck anbraten und dann die fein gehackte Zwiebel glasig werden lassen. Das Wildfleisch dazugeben und mitrösten, bis sich die Poren geschlossen haben. Mit Wasser, Fond oder Suppe aufgießen, bis das Fleisch nahezu bedeckt ist. Flüssigkeit leicht aufwallen lassen, sämtliche Aromastoffe hinzufügen und mit etwas Essig abschmecken. ■ Kasserolle zudecken und das Wildragout etwa 2 Stunden lang auf kleinster Flamme am Herd oder bei 150 °C im Backrohr schmoren lassen. ■ Saft noch einmal abschmecken, eventuell noch etwas einkochen und vor dem Servieren mit ein paar kalten Butterflocken verfeinern. Dazu passen Preiselbeerkompott und gut abgeschmalzte Spiralennudeln.

Tipp:
Dieses Rezept lässt sich auch ganz ausgezeichnet mit Siedefleisch vom Rind oder Schöpsernem zubereiten.

Ragout von der Fluh

Eine Erinnerung an den Vorarlberger Meisterkoch Ernst Huber, der, nachdem er es zu Österreichs höchstdekoriertem Koch gebracht hatte, in eine kleine Gastwirtschaft „Auf der Fluh" im Bregenzerwald übersiedelte und sich dort den Rezepten seiner Heimat widmete

Zutaten

750 g Wildfleisch (Schulter von Hirsch oder Reh)
Salz, Pfeffer
3 EL Butterschmalz oder Öl
Wurzelwerk
1 Zwiebel
150 ml kräftiger Rotwein
1 EL Mehl
500 ml Rindsuppe oder Wasser
Wacholderbeeren
Pfefferkörner
1 Lorbeerblatt

Für die Fertigstellung:

100 ml Crème fraîche oder Sauerrahm
1 EL Mehl
1 EL Preiselbeerkompott
Zitronensaft
Salz, Pfeffer
200 g gemischte Waldpilze
Butter zum Andünsten

Zubereitung

■ Das zugeputzte Wildfleisch in Würfel schneiden, salzen, pfeffern und in heißem Butterschmalz oder Öl rasch anbraten, wieder herausheben. Wurzelwerk und Zwiebel grob würfeln und anrösten, mit Rotwein ablöschen, etwas Mehl darüberstauben und gut einkochen. Abermals mit Suppe bzw. Wasser aufgießen und kräftig aufkochen. Nun angedrückte Wacholderbeeren, Pfefferkörner und Lorbeerblatt sowie das Fleisch zugeben 1½–2 Stunden weichdünsten. Zwischendurch umrühren und wenn nötig noch etwas Suppe zugießen, das Fleisch sollte aber nur gerade bedeckt sein. ■ Ragout herausheben, warm stellen. Sauce passieren und stark einkochen. Crème fraîche mit Mehl glattrühren, zugeben und alles mollig einkochen. Mit Preiselbeerkompott, einem Schuss Zitronensaft, Salz und Pfeffer abschmecken. Fleisch wieder zugeben und noch kurz ziehen lassen. Währenddessen die geputzten Pilze in mundgerechte Stücke schneiden, in heißer Butter knackig andünsten und kurz vor dem Auftragen unter das Ragout mischen.

Gespickte Hirschkeule

Ein Rezept aus der steirischen Hochschwab-Region

Zutaten
für 6–8 Portionen
1 ganze Hirschkeule
125 g Speck zum Spicken
Salz, Pfeffer
250 g zimmerwarme Butter
150 ml Sauerrahm
Wildfond bzw. Rindsuppe
nach Bedarf
Erdäpfelmehl nach Bedarf

Zubereitung
■ Die gesäuberte Hirschkeule mit einer Spicknadel gut spicken und rundum salzen und pfeffern. In einer geeigneten Pfanne die Hälfte der Butter anbräunen. Die Hirschkeule einlegen und mit einer mit der anderen Hälfte der Butter bestrichenen Alufolie abdecken. Unter ständigem Untergießen mit Wildfond oder Rindsuppe 15 Minuten lang im auf 220 °C vorgeheizten Rohr braten. Dann die Hitze stufenweise auf 180 °C reduzieren und nach 1 Stunde die Alufolie abnehmen. Die Keule danach, je nach Größe, noch 1–2 Stunden weiterbraten. ■ 15 Minuten vor Ende der Garzeit den Bratenfond entfetten, den Sauerrahm hinzufügen und den Braten damit bestreichen. Ist die Sauce am Schluss nicht sämig genug, etwas Sauerrahm mit Erdäpfelmehl verquirlen und die Sauce damit binden. Als Beilagen empfehlen sich Semmelknödel, Rotkraut und Preiselbeeren.

Tipp:
Braten Sie ein, zwei Zweiglein Rosmarin mit, dann wird die Hirschkeule noch aromatischer.

Wildschweinkeule im Portugiesersaftl

Ein Rezept aus der niederösterreichischen Thermenregion

Zutaten

1 Wildschweinkeule
von ca. 1 kg
375 ml Blauer Portugieser
3 zerdrückte
Wacholderbeeren
2 EL Rapsöl
100 g klein geschnittener
Räucherspeck
1 Bund grobwürfelig
geschnittenes Wurzelwerk
2 EL Mehl
Rindsuppe zum Aufgießen
Preiselbeeren
Salz

Zubereitung

■ Das Fleisch auslösen, gut zuputzen und in fingerdicke Scheiben schneiden. Parüren (Sehne und Häute) und Knochen aufbewahren. Mit Rotwein begießen, Wacholderbeeren hinzufügen und 2 Stunden lang im Kühlschrank marinieren. ■ In einer verschließbaren Kasserolle Öl erhitzen, gut abgetropfte Wildschweinscheiben beidseitig scharf anbraten und wieder herausheben. Im verbliebenen Fett Speck anrösten, Sehnen, Häute und Knochen (am besten gehackt) hinzufügen und gemeinsam mit dem grobwürfelig geschnittenen Wurzelwerk braun rösten. Mit Mehl stauben, noch einmal gut durchrösten und mit etwas Rindsuppe aufgießen. Unter ständigem Rühren aufkochen. Den Rotwein sowie Preiselbeeren dazugeben, Fleisch wieder einlegen und zugedeckt weichdünsten. ■ Fertig gegarte Wildschweinscheiben herausnehmen und warm halten. Sauce passieren, eventuell nochmals kurz aufkochen und die warm gehaltenen Wildschweinschnitzel damit überziehen. Als Beilage empfehlen sich Erdäpfelkroketten und Blaukraut.

Hase in schwarzer Sauce

Das klassische Rezept aus der altböhmisch-wienerischen Küche

Zutaten

1 abgezogener Feldhase
Salz, Pfeffer
etwas Mehl
1 Speckschwarte
3 EL Butterschmalz
1 fein gehackte Zwiebel
100 g grob gehacktes
Wurzelwerk
375 ml gehaltvoller Rotwein
3 zerdrückte
Wacholderbeeren
3 Neugewürzkörner
1 Msp. Majoran
abgeriebene Schale
von 1 Zitrone
1 Schuss Rotweinessig
3–4 EL Hasen- oder
Schweineblut (beim
Wildhändler bzw. Fleischhauer
erhältlich)

Zubereitung

■ Den Hasen in Vorderläufe, Hinterläufe, Bauchlappen und Rücken zerteilen, salzen, pfeffern und alle Teile leicht mit Mehl stauben. Speckschwarte in einer geräumigen und verschließbaren Kasserolle in zerlassenem Butterschmalz anbraten, Zwiebel und Wurzelwerk zugeben. Hasenteile einlegen und allseitig anbraten. Mit Rotwein ablöschen, Gewürze und Zitronenschale hinzufügen, aufkochen, dann Hitze reduzieren, Deckel aufsetzen und auf sehr kleiner Flamme etwa 75 Minuten lang dünsten. ■ Das Hasenfleisch danach aus der Kasserolle heben und warm stellen. Die Sauce abseihen und auf großer Hitze einkochen. Hitze stark reduzieren, das mit Essig vermischte Hasenblut knapp unter dem Siedepunkt einrühren und die Sauce damit binden. Hasenteile mit der fertigen Sauce überziehen und mit Preiselbeeren und Serviettenknödel servieren.

Gämsentopf

Ein Rezept aus dem Tiroler Kühtai

Zutaten

800 g Gämsenfleisch
(kann auch von Reh, Hase
oder Hirsch stammen)
500 ml Rotwein
250 ml Rindsuppe
200 g grobwürfelig
geschnittenes Wurzelwerk
3 zerdrückte Wacholderbeeren
4 Neugewürzkörner
1 Lorbeerblatt
2 Knoblauchzehen
1 Zweiglein Kuttelkraut
(Thymian)
6 Pfefferkörner
Salz
2 EL Butterschmalz
120 g Räucherspeck
1 große Zwiebel
1 EL Tomatenmark
2–3 EL Preiselbeer-
marmelade
30 g Schwarzbrotbrösel
2–3 EL Sauerrahm
200 g Steinpilze
(ersatzweise Champignons)

Zubereitung

■ Das Wild von Häuten und Sehnen befreien und in Würfel von etwa 3 cm schneiden. Aus Rotwein, Rindsuppe sowie den Gewürzen, dem Wurzelwerk und Aromaten eine Marinade zubereiten. Das Wildfleisch damit übergießen und 24–48 Stunden beizen. ■ Das Fleisch aus der Beize nehmen, mit Küchenkrepp trockentupfen und zusammen mit gehacktem Speck und Zwiebeln in Butterschmalz anbraten. Sobald sich die Poren geschlossen haben, mit der abgeseihten Marinade begießen und diese zum Kochen bringen. Den Topf zudecken und im auf 150 °C vorgeheizten Backrohr ca. 3–4 Stunden lang schmoren. ■ Danach das Fleisch aus der Marinade heben und warm stellen. Den Schmorsaft auf ein Drittel einkochen, mit Tomatenmark, Preiselbeermarmelade und Schwarzbrotbröseln binden, den Sauerrahm einrühren und köcheln lassen, bis die Sauce sämig ist. Das Ragoutfleisch wieder in die Sauce geben und noch kurz auf kleiner Flamme mitziehen lassen. Inzwischen die blättrig geschnittenen Pilze in Öl und Butter kurz andünsten und ebenfalls unter das Ragout mischen. Als Beilage empfehlen sich Tiroler Knödel.

Gamsschmorbraten

Ein Rezept aus dem Salzburger Pinzgau

Zutaten

1 kg ausgelöstes Gamsfleisch
vom Schlegel
Salz

Für die Beize:

1 Zwiebel
1 Lorbeerblatt
1 Pastinakwurzel
4 Zweiglein Thymian
4 Gewürznelken
4 zerdrückte Wacholderbeeren
1 geviertelte Zitrone
125 ml Essig
250 ml Rotwein
250 ml Wasser

Für die Fertigstellung:

100 g Spickspeck
1 Zwiebel
1 Lorbeerblatt
frisch geschroteter Pfeffer
500 ml leichter Rotwein
300 ml Obers
100 g Schwarzbrotrinde
100 ml Wildfond oder
Rindsuppe
Butter oder Öl für die Form
Mehl bei Bedarf

Zubereitung

■ Das ausgelöste Keulenfleisch salzen und mit gehackter Zwiebel, Lorbeerblatt, Pastinakwurzel, Thymian, Gewürznelken, Wacholderbeeren und der Zitrone in einen Tontopf geben. Essig, Wein und Wasser zum Kochen bringen und sprudelnd über das Wild gießen. Auskühlen lassen und das Fleisch mit Folie abgedeckt im Kühlschrank 24–48 Stunden marinieren. ■ Das Fleisch aus der Marinade heben, abtupfen und mit einer Spicknadel mit Spickspeck spicken. Dann in eine leicht befettete Bratpfanne setzen und 15 Minuten lang bei 200 °C braten. Mit der Hälfte von Wein und Obers aufgießen, Zwiebel, Lorbeerblatt und Schwarzbrotrinden hinzufügen, salzen, pfeffern und Hitze auf 180 °C reduzieren. Unter regelmäßigem Nachgießen mit Wein und Obers ca. 1 Stunde lang braten. ■ Sobald das Fleisch weich ist, Braten aus dem Ofen nehmen und warm stellen. Inzwischen die Sauce mit dem Fond aufgießen und sämig einkochen. Die Gamskeule in Scheiben schneiden. Die Sauce bei Bedarf mit etwas Mehl stauben und durch ein feines Haarsieb über die Fleischstücke passieren. Dazu passen Rotkraut, glacierte Maroni sowie Schupfnudeln.

Tafelspitz

Das Grundrezept für Alt-Wiener Siedefleisch aller Art

Zutaten

1 kg Tafelspitz (oder anderes Siedefleisch wie Kruspelspitz, Kavalierspitz, Schulterscherzel, Hieferscherzel, Beinfleisch, Mageres Meisel etc.)
Rindsknochen
Salz
1 Zwiebel
1 großer Bund Wurzelgemüse
1 kleine Stange Lauch
2 Tomaten
2 angedrückte Knoblauchzehen
Lorbeerblatt
Pfefferkörner

Zubereitung

■ Den Tafelspitz lauwarm abspülen, abtropfen lassen. Ausreichend Salzwasser in einem großen Topf zum Kochen bringen. Tafelspitz in das sprudelnd kochende Wasser einlegen, damit sich die Poren des Fleisches sofort schließen können, wodurch das Fleisch saftig bleibt. ■ Zwiebel halbieren und die Schnittflächen in einer Pfanne ohne Fett ziemlich dunkel anrösten, Wurzelgemüse gut zuputzen. Nach 45 Minuten die angebratene Zwiebel, das Wurzelgemüse sowie sämtliche Gemüse und Gewürze zugeben und noch 2–3 Stunden auf sehr kleiner Hitze weiterziehen lassen, bis das Fleisch weich ist (ein Tafelspitz oder ein Schulterscherzl braucht eher kürzer, grobfaserige Stücke eher länger). ■ Das fertige Fleisch aus dem Topf heben, quer zur Faser in Scheiben schneiden und warm stellen. Als Beilagen empfehlen sich Rösterdäpfel, Dillrahmfisolen oder Cremespinat sowie kalte oder warme Schnittlauchsauce und Apfel- oder Semmelkren.

Tipp:
Früher war es mitunter auch üblich, den Tafelspitz vor dem Servieren mit gehacktem Schnittlauch und grobem Salz zu bestreuen.

Wildschweinkoteletts mit Lebkuchensauce

Ein Rezept aus Bad Leonfelden im oberösterreichischen Mühlviertel

Zutaten

8 Wildschweinkoteletts
à 100 g
4 Wacholderbeeren
Salz, Pfeffer
Pflanzenöl
100 ml Rotwein
100 ml Wildfond
oder Rindsuppe
1–2 EL fein geriebener
Bad Leonfelder Lebkuchen
4–6 eiskalte Butterflocken

Zubereitung

■ Wildschweinkoteletts mit Salz, Pfeffer und zerdrückten Wacholderkörnern würzen und in heißem Pflanzenöl beidseitig scharf anbraten. Die Koteletts im auf 160 °C vorgeheizten Backrohr noch einige Minuten, in Folie gehüllt, nachgaren lassen.

■ Inzwischen den Bratensatz mit Rotwein und Wildfond bzw. Suppe ablöschen. Die Flüssigkeit auf etwa die Hälfte einkochen und mit Lebkuchenbröseln binden. Noch einmal kurz einkochen, bis die Sauce schön sämig ist. Pfanne vom Herd nehmen, eiskalte Butterflocken einrühren und die Wildschweinkoteletts mit der Rotwein-Lebkuchen-Sauce überziehen. Dazu passen Grießplatteln und Speckfisolen.

Warme
Mehlspeisen

Powidlpofesen

Das altösterreichische Rezept stammt ursprünglich aus der italienischen Stadt Pavia, was ihm den Namen „Pavese" eintrug, aus dem später die Pofesen wurden.

Zutaten

8 Scheiben Toastbrot
4 EL Powidl (Zwetschkenmus)
250–300 ml Milch
2 EL Vanillezucker
Pflanzenöl zum Ausbacken
2 Eier
1–2 EL Mehl
1 Msp. Zimt
Staubzucker nach Belieben

Zubereitung

■ Zunächst das Toastbrot rundum entrinden und auf einer Seite mit Powidl bestreichen. Dann jeweils zwei Schnitten wieder zusammensetzen. Milch und Vanillezucker versprudeln und die Pofesen kurz in dieser Mischung ziehen lassen. Pflanzenöl fingerhoch in einer Pfanne erhitzen.

■ Inzwischen Eier mit Mehl versprudeln, Toastbrotscheiben durchziehen und im heißen Fett goldbraun ausbacken. Die Pofesen herausheben, abtropfen lassen und 2–3 Minuten überkühlen lassen. Vor dem Servieren mit einer Mischung aus Zimt und Zucker bestreuen.

Tipp:
Statt Toastbrot können Sie für die Pofesen auch halbierte Semmeln verwenden, die Sie vorher allerdings entrinden sollten.

Balassn

Dieses althergebrachte Rezept aus dem burgenländisch-oststeirischen Grenzgebiet ist vermutlich kroatischen Ursprungs.

Zutaten
für 6–8 Portionen

Für die Apfelfülle:

500 g geschälte, entkernte und gerissene Äpfel

1 Schuss Zitronensaft

Zimt

Zucker nach Belieben

Für den Teig:

300 ml Wein

100 ml Weinbrand

7 Eidotter

2 EL Zucker

etwas Salz

250 g Butter

1 kg glattes Mehl (oder mit Roggenmehl gemischtes Weizenmehl)

reichlich Schweineschmalz oder Pflanzenfett

mit Zimt vermengter Staubzucker zum Bestreuen

Zubereitung

■ Für die Fülle zunächst Äpfel mit Zitronensaft, Zimt und Zucker vermengen und mit Klarsichtfolie abdecken. Aus leicht erwärmtem Wein und Weinbrand, Eidottern, Zucker, Salz, Butter und Mehl (wenn nötig, auch noch etwas Wasser oder Milch) einen festen Teig zubereiten und diesen etwa 20 Minuten lang rasten lassen. ■ Teig rechteckig ca. 2 mm dick auswalken und auf der oberen Hälfte des Teiges im Abstand von etwa 10 cm jeweils einen gehäuften Esslöffel Apfelfülle platzieren. Die untere Hälfte des Teiges über die obere mit den Füllungen schlagen. ■ Mit einer Tasse von ca. 10 cm Durchmesser rund um die Apfelfülle Kreise eindrücken und auf diese Weise Apfeltaschen herstellen. Den Teig anschließend mit den Fingern rund um die Fülle gut abdrücken und die Kreise mit einem Teigrad sauber „ausradln". ■ In einer großen Pfanne Schweineschmalz oder Öl erhitzen, die Balassn portionsweise goldgelb ausbacken und, mit Zimtzucker bestreut, heiß servieren.

Tipp:
Statt der Apfelfülle sind auch Birnen, Kletzen, Kraut-, Rüben- und andere Füllungen möglich.

Äpfel im Schlafrock

Ein klassisches Alt-Wiener Rezept aus Zeiten, in denen die Menschen noch keine Bademäntel, sondern Schlafröcke trugen

Zutaten

4 kleine Äpfel
2–3 EL Marmelade
1 EL Kristallzucker
1–2 EL grob gehackte
Hasel- oder Walnüsse
1 Prise Zimt
1 Schuss Rum
½ Pkg. fertiger Blätterteig
Ei zum Bestreichen
Butter für die Form
Staubzucker zum Bestreuen

Zubereitung

■ Kerngehäuse so ausstechen, dass das untere Ende des Apfels unversehrt bleibt und die Fülle nicht ausläuft. Äpfel schälen, aus Marmelade, Zucker, Nüssen, Zimt und Rum eine sämige Masse anrühren und die Äpfel damit füllen. ■ Den Blätterteig ausrollen, in vier Teile schneiden, Äpfel mit der Öffnung nach oben daraufsetzen und gut mit dem Teig einhüllen. Der Verschluss kann nach Belieben mit Teigrändern verziert werden. Blätterteig mit verquirltem Ei bestreichen. Eine passende Form mit Butter ausstreichen, Äpfel hineinsetzen und im auf 180 °C vorgeheizten Backrohr etwa 20 Minuten goldgelb backen. Fertige Äpfel mit Staubzucker bestreuen und noch warm servieren.

Sonnwendkrapfen

Ein Rezept aus dem Ausseerland im steirischen Salzkammergut. Ganz im Gegensatz zu den meist sehr einfachen Steirerkrapfen aus Mürbteig kommen hier neben dem einstmals kostbaren Germ mit Schlagobers und Kirschwasser durchaus festliche „Luxuszutaten" zum Einsatz. Und statt im früher bevorzugt verwendeten Rinderschmalz werden die goldgelben Krapfen in Butter- oder Schweineschmalz ausgebacken.

Zutaten
300 g Mehl
3 Eidotter
40 g Zucker
40 g Butter
20 g Germ
1 Prise Salz
1 Schuss Schlagobers
1 Schuss Kirschwasser
reichlich Butter- oder Schweineschmalz zum Ausbacken
Staubzucker zum Bestreuen

Zubereitung
■ Gesiebtes Mehl, Eidotter, Zucker, Butter, Germ und etwas Salz zu einem festen Teig verarbeiten. Mit etwas Schlagobers und einem Schuss Kirschwasser nach Belieben noch etwas geschmeidiger machen. Anschließend den Teig an einem warmen Ort zugedeckt gehen lassen. ■ Aus dem Teig mit einem mit Wasser benetzten Schöpflöffel runde Krapfen ausstechen und diese in heißem Fett ausbacken. ■ Die Krapfen vor dem Servieren – entweder warm oder ausgekühlt – mit Staubzucker bestreuen.

Tipp:
Damit die Krapfen besser „rutschen", können sie mit Marillenmarmelade gefüllt oder mit einer Mischung aus flüssiger Butter und Honig bestrichen werden – vorausgesetzt, man formt vor dem Herausbacken eine entsprechende Mulde in den Krapfen.

Kirchtagskrapfen

Ein Rezept aus dem Tiroler Unterland

Zutaten

500 g Weizenmehl

120 g Butter

250 ml Milch

2 EL Rum

Salz

Für die Fülle:

250 g weichgekochte
Dörrbirnen

120 g Mohn

100 ml Milch

100 g Zucker

60 g Butter

Rum

Zimt

eventuell Zitronenschale

Butterschmalz zum
Ausbacken

Staubzucker

Zubereitung

■ Für den Krapfenteig Butter schmelzen, Milch zugeben, heiß werden lassen, jedoch nicht kochen und gemeinsam mit dem Rum zum gesalzenen Mehl geben. Sofort einen eher weichen Teig zusammenkneten, in ca. drei Teile teilen und sehr gut durchkneten. Zugedeckt mindestens 30 Minuten an einem warmen Ort rasten lassen. ■ Für die Fülle die Dörrbirnen faschieren. Milch, Butter und Zucker aufkochen, geriebenen Mohn dazugeben und nochmals kurz aufkochen lassen. Mit den Dörrbirnen vermischen und abschmecken. Nun aus den Teigstücken dünne Blätter auswalken. Auf die Hälfte des Teigblatts im Abstand von 5 cm kleine Häufchen Fülle setzen, mit der zweiten Hälfte zudecken und rund um die Häufchen den Teig gut andrücken. Quadrate ausradeln und zugedeckt noch etwas rasten lassen, dann in schwimmendem Fett ausbacken. Mit Staubzucker bestreut servieren.

Hahnenkämme

Eine Spezialität aus dem Salzburger Lungau

Zutaten

250 g glattes Mehl
1 Ei
4 Eidotter
100–150 ml Schlagobers
etwas Rum
etwas Vanillezucker
1 Prise Salz
Butterschmalz oder
Öl zum Ausbacken
Zimtzucker zum Bestreuen

Zubereitung

■ Das gesiebte Mehl auf einer Arbeitsfläche mit dem Ei, Eidottern, Schlagobers, einem Schuss Rum, Vanillezucker sowie etwas Salz zu einem geschmeidigen Teig verarbeiten. Den Teig in Klarsichtfolie hüllen und gut ½ Stunde kühl rasten lassen.

■ Teig zu einer Rolle formen, davon Scheiben abschneiden und diese messerrückendick auf Handtellergröße hin auswalken. Die Scheiben mit einem scharfen Messer einige Male hahnenkammartig so einschneiden, dass auf zwei Dritteln des Teiges parallel geschnittene Streifen entstehen. Das restliche Drittel wird nicht eingeschnitten. In einer passenden Pfanne das Butterschmalz erhitzen und die Hahnenkämme nacheinander auf beiden Seiten goldbraun backen. Fertige Hahnenkämme herausnehmen und auf Küchenkrepp gut abtropfen lassen. Vor dem Servieren üppig mit Zimtzucker bestreuen.

Die Küche der österreichischen Regionen

Gebackene Holunderblüten

Ein Rezept aus Oberösterreich

Zutaten

150 g Mehl
1 gestrichener EL Zucker
1 Prise Salz
1 EL Pflanzenöl
125 ml Milch
2 Eier
8 kleinere, noch nicht ganz
abgeblühte Holunderblüten
mit Stängel
500 g Schweineschmalz
2 EL gesiebter Staubzucker
1 Msp. Zimt

Zubereitung

■ Zunächst einen flüssigen Backteig aus Mehl, Zucker, Salz, Öl, Milch und Eiern zubereiten. Die Holunderblüten mehrmals kurz durch lauwarmes Wasser ziehen (nicht einweichen!) und abtropfen lassen, bis sie völlig trocken sind. Den Holler dann bei den Blüten beginnend bis hinauf an den Stängel durch den Backteig ziehen und in heißem Schmalz goldbraun ausbacken. Mit Zimtzucker bestreuen und heiß servieren.

Schwarzbeernocken

Schmalzgebackene Heidelbeerkrapfen aus Tirol

Zutaten

600 g Schwarzbeeren
(Heidelbeeren)
300 g griffiges Mehl
1 Prise Salz
400–500 ml Milch
ausreichend Butter
oder Butterschmalz
zum Ausbacken
Staubzucker zum Bestreuen

Zubereitung

■ Die gewaschenen Schwarzbeeren in einer Schüssel mit Mehl und einer Prise Salz vermengen. Milch kurz aufkochen und so viel darübergießen, dass ein leichter Nockerlteig daraus entsteht. In einer großen Pfanne ausreichend Butter oder Butterschmalz erhitzen. Aus der Masse mithilfe eines Löffels Nockerl stechen, ins heiße Fett einlegen, sacht andrücken und die Nocken schwimmend beidseitig goldbraun backen. Vorsichtig herausheben, gut abtropfen lassen oder mit Küchenkrepp abtupfen und vor dem Servieren noch gut mit Staubzucker bestreuen.

Tipp:
Der Nockenteig gerät noch saftiger, allerdings auch kalorienreicher, wenn man der Masse vor dem Backen noch 2–3 EL Öl oder geschmolzenes Butterschmalz beimengt. Dazu passen Vanilleschaum oder aufgeschlagene Vanillesauce.

Apfelküechle

Apfelradeln auf Vorarlberger Art

Zutaten

3 große saure Äpfel

Zitronensaft

Apfelbrand

Zucker

Zimt

150–200 g Mehl

200 ml Weißwein

1 Eidotter

1 EL geschmolzene Butter

2 Eiklar

1 Prise Salz

Butterschmalz oder Öl

Zimtzucker zum Bestreuen

Zubereitung

■ Die Äpfel schälen, Kerngehäuse ausstechen, aber so, dass der Apfel ganz bleibt, und Äpfel in Ringe schneiden. Sofort mit Zitronensaft und Apfelbrand beträufeln, Zucker und Zimt darüberstreuen und etwas ziehen lassen. ■ Währenddessen Mehl mit Weißwein, Eidotter, zerlassener Butter und einer Prise Zucker glatt verrühren. Eiklar mit einer Prise Salz steifschlagen und unterziehen.
In einer großen Pfanne ausreichend Butterschmalz oder Öl erhitzen, jede Apfelscheibe durch den Teig ziehen und schwimmend in heißem Fett goldgelb backen. Herausheben, gut abtropfen lassen oder mit Küchen-krepp abtupfen. Vor dem Servieren mit Zimtzucker bestreuen.

Tipp:
Noch rascher lässt sich der Teig herstellen, wenn man einen relativ dickflüssigen Palatschinkenteig anrührt.

Topfenstrudel

Der neben den Topfenknödeln vielleicht berühmteste Gruß aus dem Alt-Wiener Mehlspeishimmel

Zutaten
für 6–8 Portionen

Für den Teig:

250 g Mehl

Salz

1 EL zerlassene Butter

1 Ei

125 ml Wasser

Butter zum Bestreichen

Mehl für die Arbeitsfläche

Für die Fülle:

120 g Butter

160 g Zucker

6 Eidotter

500 g Topfen (20 % Fett i.T.)

225 ml Sauerrahm

6 Eiklar

1 Msp. Salz

60 g Rosinen

Butter zum Ausstreichen
der Form

Staubzucker

Tipp:
Der Einfachheit halber kann man für dieses Rezept auch fertigen Strudelteig verwenden.

Zubereitung

■ Für den Strudelteig Mehl auf ein Nudelbrett sieben, in der Mitte eine Vertiefung machen, Salz, Butter, Ei sowie lauwarmes Wasser hineingeben und alles vermengen, bis eine glatte Masse entsteht. Den Teig so lange kneten, bis er sich leicht lösen lässt. Das Brett gut mit Mehl bestreuen, den Teig daraufsetzen, mit flüssiger Butter bestreichen und den Teig unter einer Schüssel gut ½ Stunde rasten lassen.

■ Inzwischen die Butter schaumig schlagen und mit Zucker, Eidottern, passiertem Topfen, Sauerrahm, steifgeschlagenem Eischnee und Salz (in dieser Reihenfolge) verrühren, bis eine gut streichbare Masse entsteht.

■ Ein Tischtuch über den Küchentisch ausbreiten, es mit Mehl bestäuben und den Teig vorsichtig darauf ausziehen. Dicke Ränder abschneiden, die Fülle auf etwa zwei Drittel des Teiges auftragen, Rosinen über die Masse streuen und den Strudel behutsam zusammenrollen. ■ Den Strudel in einer mit Butter gut ausgestrichenen Kasserolle im auf 180 °C vorgeheizten Backrohr ca. 50–60 Minuten lang goldgelb backen. Gelegentlich mit zerlassener Butter bestreichen.

Melchermuas

Ein klassisches Tiroler Almrezept

Zutaten

60 g Mehl
60 g Butter
Salz
1 l Buttermilch
120 g Butter zum
Ausbacken
nach Belieben braune
Butter zum Übergießen
eventuell Staubzucker
zum Bestreuen

Zubereitung

■ Aus dem Mehl und der Butter eine helle Einbrenn herstellen, salzen, mit Buttermilch aufgießen und alles zu einem dicken, festen Brei einkochen. Inzwischen in einer anderen Pfanne die Butter schmelzen, dann das fertige Muas wie eine Palatschinke darin backen, bis die Unterseite braun und knusprig geworden ist. ■ Dann das Muas (klassisch durch Schwingen der Pfanne, oder aber mit einem Bratenwender) umdrehen und auf der anderen Seite ebenso bräunen. Diesen Vorgang mehrmals wiederholen, bis das Muas eine Konsistenz angenommen hat, die fast an Käse erinnert. Dann mit brauner Butter und nach Geschmack mit etwas Staubzucker bestreuen und in der Pfanne heiß servieren.

Kaiserschmarren mit Zwetschkenröster

Ob der Wiener Mehlspeisklassiker eher mit dem Kaiser oder doch mit den Kasern auf der Alm zu tun hat, darüber streiten die Kulinarhistoriker bis heute. Unbestritten sind die geschmacklichen Meriten dieses „Kaisers" unter den österreichischen Schmarrengerichten.

Zutaten

6 Eidotter
50 g Zucker
250 ml Milch
200 g glattes Mehl
6 Eiklar
1 Msp. Salz
Butter zum Ausbacken
40 g Rosinen
Staubzucker zum Bestreuen

Für den Zwetschkenröster:

1 kg Zwetschken
1 Zimtstange
etliche Gewürznelken
200 g Zucker
Saft und Schale von
1 ungespritzten Zitrone
150 l Wasser

Zubereitung

■ Zuerst den Zwetschkenröster vorbereiten. Dazu die Zwetschken gut waschen, halbieren und Kerne herauslösen. Zimtstange und Gewürznelken in ein Leinensäckchen geben, zubinden und gemeinsam mit Zucker, Zitronensaft und -schale in Wasser aufkochen. Die Zwetschken einmengen und so lange kochen, bis sie nach etwa 25–35 Minuten weich sind. Gewürzsäckchen entfernen und den Zwetschkenröster kalt stellen. ■ Nun die Eidotter gründlich mit Zucker, Milch und Mehl verrühren. Eiklar mit einer Prise Salz zu festem Schnee ausschlagen und behutsam unter die Dottermasse heben. In einer großen Pfanne Butter zum Schmelzen bringen, die Eiermasse eingießen und Rosinen darüberstreuen. Auf einer Seite etliche Minuten anbacken, wenden und die noch nicht völlig gestockte Masse mit zwei Gabeln in Stücke reißen. Den Schmarren gerade so lange fertig backen (am besten in einer gebutterten Form im vorgeheizten Backrohr), bis die Masse stockt. Mit Staubzucker bestreuen und mit Zwetschkenröster servieren.

Apfelschmarren

Ein Rezept aus dem steirischen Raabtal

Zutaten

3 Eier
250 ml Milch
150 g Mehl
1 Prise Salz
Zitronensaft
80 g Butterschmalz
3–4 Äpfel
60 g Staubzucker
1 Prise Zimtpulver
1 Prise Nelkenpulver
8 Butterflocken

Zubereitung

■ Die Äpfel nach Belieben schälen, blättrig schneiden und mit etwas Zitronensaft beträufeln. Die Eier in Dotter und Eiklar trennen. Die Klar zu steifem Schnee schlagen. Dotter, Milch, Mehl und Salz zu einem dickflüssigen Schmarrenteig rühren und, falls nötig, noch etwas Mehl hinzufügen. Am Schluss vorsichtig den Eischnee unterheben. ■ In einer Backform Butterschmalz zerlassen, den Teig hineinfließen lassen und mit den blättrig geschnittenen Äpfeln bestreuen. Staubzucker mit Zimt- und Nelkenpulver vermischen und über die Äpfel sieben. Den Schmarren im auf 180 °C vorgeheizte n Rohr hellbraun ausbacken und wie einen Kaiserschmarren so lange umstechen, bis Äpfel und Teig völlig vermischt sind. Dann ein paar Butterflocken aufsetzen, die Backform noch einmal ins Rohr schieben und weiterbacken, bis sich knusprige, braune Ränder bilden. Heiß servieren.

Stopfer mit „Hoadelbeerkompott"

Ein Rezept aus Vorarlberg

Zutaten

750 ml Milch
2 EL Butter
1 Prise Salz
250 g Grieß
(nach Belieben Mais-
und Weizengrieß gemischt)
2–3 EL Butterschmalz zum
Anbraten

Für das Kompott:

1 Schuss kräftiger Rotwein
100 ml Wasser
Zimtrinde
150 g Zucker
750 g Heidelbeeren

Zubereitung

■ In einer Kasserolle die Milch gemeinsam mit der Butter sowie einer Prise Salz erhitzen. Grieß langsam zugeben, aufkochen und dabei ständig rühren. Masse in ein anderes Gefäß umstechen und darin auskühlen lassen. In einer Pfanne das Butterschmalz erhitzen, Grießmasse einfüllen und unter wiederholtem Wenden und Zerkleinern der Masse nicht unter 30 Minuten bröselig braten. ■ Währenddessen für das Kompott einen Schuss Rotwein mit Wasser, Zimtrinde und Zucker aufkochen und kurz ziehen lassen. Heidelbeeren zugeben und nur ganz kurz erhitzen, bis die Heidelbeeren Wasser gezogen haben. Vom Feuer nehmen, Zimtrinde entfernen und überkühlen lassen. Fertigen Stopfer mit dem Hoadelbeerkompott auftragen.

Almkoch

Ein Rezept aus dem Salzburger Lungau

Zutaten
für 6–8 Portionen

1 kg Mehl
500 ml Sauerrahm
500 g Almbutter
4 EL in Milch geweichte
Rosinen
1 KL Anissamen
1 Prise Salz
200 g Kristallzucker
1 gehäufte Msp. Zimt
2 Eier
1 Schuss Rum

Zubereitung

■ Das gesiebte Mehl mit dem Sauerrahm vermengen und zu „Farfln" abbröseln. Die Butter in einer geeigneten Pfanne zerlassen, die „Farfln" einrühren und mit Anis, Rosinen sowie etwas Salz sämig einkochen. Den Zucker einrühren und weiterkochen, bis das Rahmkoch eine elastische Bindung erhält. Die Pfanne vom Herd nehmen. Das Koch mit Zimt bestreuen und mit dem Schneebesen die Eier einrühren. Mit Rum abschmecken und entweder noch warm oder erst später in verfestigtem kalten Zustand essen.

Rahmkoch & Farfln

Der kulinarische Höhepunkt der Almsaison im Salzburgischen war die Zubereitung des beliebten „Rahmkochs". Es wurde am Tag vor der Almabfahrt gekocht und galt als der Stolz jeder guten Sennerin. Aus Mehl und dem gezuckerten Sauerrahm der letzten Almtage wurden sogenannte „Farfl-Brocken" erzeugt, indem man das Mehl ganz einfach mit dem Sauerrahm abbröselte. Inzwischen brachte man eine größere Menge Sauerrahm zum Kochen, bis der Milchanteil verdunstet war, und fügte die „Farfl" mit viel Zucker hinzu. Nunmehr rührte man mit einem Holzlöffel so lange, bis die Masse geschmeidig wurde und nicht mehr am Löffel hängen blieb. Dann schöpfte man sie in einen hölzernen „Rahmkochstotz" um, verfeinerte mit Eiern und Gewürzen – und ließ das Ganze erkalten. Ein perfekt zubereitetes Rahmkoch, so sagen die Salzburger Senninnen und Sennen, muss man wie Brot in Scheiben schneiden können. Und da sich ein solches Koch auch ziemlich lange hält, schmeckt es auch noch unten im Tal hervorragend und erinnert an die schönen Tage der vergangenen Almsaison. |

Gefüllte Buchteln

Die Buchtel, in ländlichen Bereichen oft auch Wuchtel oder
Dampfnudel genannt, ist einer der vielen Beiträge der böhmischen
zur österreichischen (in diesem Rezept zur oberösterreichischen)
Küche und geht auf das tschechische Wort „buchticky" zurück.

Zutaten

für etwa ein Dutzend Stück

20 g Germ
2–3 EL Staubzucker
125 ml lauwarme Milch
250 g glattes Mehl
3 EL Butter
1 Ei
3 Eidotter
1 Prise Salz
1 Packerl Vanillezucker
geriebene Zitronenschale

Für die Fülle:

200 g Powidl
(Zwetschkenmus)
1 Schuss Rum

Butter zum Ausstreichen
der Form
Staubzucker zum Bestreuen

Tipp:
Servieren Sie dazu
eine Vanillecreme.

Zubereitung

■ Für das Dampfl zunächst Germ
und etwa ein Drittel des Zuckers
in wenig warmer Milch auflösen,
2 EL Mehl einrühren, das Ganze noch
mit etwas Mehl bedecken und alles
an einem warmen Ort so lange stehen
lassen, bis sich an der Oberfläche
Risse bilden. Dann in einer Schüssel
aus dem Dampfl, der geschmolzenen
Butter, der restlichen Milch, dem restlichen Zucker, Ei und Eidottern, einer
Prise Salz, Vanillezucker und Zitronenschale sowie dem restlichen Mehl mit-
tels Kochlöffel oder Küchenmaschine
einen geschmeidigen Germteig schlagen. Sobald der Teig so glatt ist, dass er
sich leicht vom Kochlöffel lösen lässt,
denselben abermals an einem warmen
Ort aufgehen lassen, bis sich sein
Volumen verdoppelt hat. ■ Den Teig
danach auf einer bemehlten Arbeitsfläche nicht zu dünn ausrollen und in
quadratische Stücke teilen. Powidl
mit einem kräftigen Schuss Rum gut
vermischen und jeweils einen Gupf
davon in die Mitte eines Teigstückes
setzen. Teigenden nach oben übereinanderschlagen und gut festdrücken.

■ Eine große feuerfeste Form mit Butter ausstreichen, die Buchteln mit den zusammengedrückten Enden nach unten in die Form setzen und dabei jede einzeln gründlich mit flüssiger Butter bestreichen. Buchteln jetzt nochmals aufgehen lassen und unterdessen das Backrohr auf 180 °C vorheizen. Dann etwa 20–30 Minuten goldbraun backen. Die ausgekühlten Buchteln stürzen und mit Staubzucker bestreuen.

Die kulinarische Sprache der Wiener

Das Naheverhältnis des Wieners zum leiblichen Wohl beginnt schon in seiner Sprache, am deutlichsten vielleicht in der Wendung, dass man jemanden „zum Fressen gern" hat. Die Wiener Fresslust findet sich auch wieder in Aussprüchen wie „jemandem aus der Hand fressen" (von jemandem bis zur Untertänigkeit abhängig sein), „i bin ang'speist" (ich bin sauer), „den kann i net verkiefeln" (den kann ich nicht ausstehen"), „die Sitzung ziagt sich wia a Strudltag" (ist endlos langweilig) oder „das ist mir völlig Powidl" (gleichgültig). Wie stark das Kulinarische im Wienerischen verankert ist, beweist schließlich auch der hier entstandene Ausdruck des „Häferlguckers" (Topfbeschauer), der für alle lästigen Küchenkiebitze vom hungrigen Ehemann bis zum gestrengen Herrn Lebensmittelinspektor verwendet wird. |

Powidltascherl

Ein Rezept der zahlreichen im Zuge der industriellen Revolution ausgewanderten böhmischen Köchinnen, die im 19. Jahrhundert ihre Lieblingsspeisen in Wiener Bürgerhaushalte brachten und dort die klassische Wiener Mehlspeisküche maßgeblich mitbegründeten.

Zutaten

250 g glattes Mehl
2 Eier
1 Msp. Salz
3 EL lauwarmes Wasser
3 EL Pflanzenöl
Mehl für die Arbeitsfläche
250 g Powidl
(Zwetschkenmus)
2 EL Rum
2 Eiklar
4 EL Butter
120 g Staubzucker
1 Msp. geriebener Zimt

Zubereitung

■ Aus dem gesiebten Mehl, Eiern, Salz, Wasser und Öl einen elastischen Teig kneten, in Alufolie einschlagen und im Kühlschrank etwa 30 Minuten rasten lassen. Teig auf einer bemehlten Arbeitsfläche mithilfe eines Nudelholzes auf eine Stärke von ca. 2 mm ausrollen. Daraus Quadrate von jeweils etwa 8–10 cm Kantenlänge schneiden, jeweils einen Klacks vom mit Rum abgemischten Powidl daraufsetzen und die Quadrate in der Mitte zusammenschlagen, so, dass daraus Dreiecke entstehen. ■ Die Ränder mit etwas Eiklar bestreichen, anschließend fest zusammendrücken und nach Belieben mit einem Teigrad abradeln. ■ In einem großen Topf ausreichend Salzwasser zum Kochen bringen, Powidltascherl vorsichtig einlegen und – auf kleiner Flamme leicht wallend dahinköchelnd – etwa 8 Minuten garen. Nach dem Abtropfen die Powidltascherl in brauner Butter schwenken und mit Zimt und Zucker bestreut servieren.

Zwetschkenknödel

Ein Rezept aus dem alten Innsbruck

Zutaten

0,5 kg Erdäpfel
ca. 150 g Mehl
50 g Butter
1 Ei oder 2 Eidotter
1 EL Grieß
Salz
1 kg Zwetschken
Butter und Semmelbrösel für
die Butterbrösel
Rohmarzipan zum Füllen der
Zwetschken (oder ersatzweise
je ein Stück Würfelzucker und
etwas Zimt)
Staubzucker zum Bestreuen

Zubereitung

■ Reichlich leicht gesalzenes Wasser aufstellen und die Erdäpfel weichkochen. Wasser abgießen, Erdäpfel noch warm schälen und passieren. Mit Mehl, Butter, Grieß, Ei bzw. Eidottern und einer Prise Salz zu einem geschmeidigen Teig verarbeiten. ■ Die gewaschenen Zwetschken entkernen und den Kern durch ein Stück Marzipan (oder ein Stück Würfelzucker und etwas Zimt) ersetzen. ■ Den Teig zu einer etwa 5 cm dicken Rolle formen, in Scheiben schneiden und in die flachgedrückten Teigstücke jeweils eine Zwetschke einhüllen, wobei der Teig gut, aber behutsam festgedrückt werden sollte. Leicht gesalzenes Wasser zum Sieden bringen und die Knödel darin vorsichtig 8–12 Minuten ziehen lassen. ■ Inzwischen in einer Pfanne die Butter aufschäumen, Semmelbrösel darin goldbraun rösten. Die fertigen Knödel abseihen und in den Butterbröseln wälzen, anrichten und mit Staubzucker bestreuen.

Marillenknödel aus Topfenteig

Ein Klassiker aus der Wachau

Zutaten

250 g Topfen
60 g Butter
1 Ei
1 Prise Salz
125 g Mehl
8 entkernte Marillen
Salz
Butter und Semmelbrösel
zum Wälzen
Staub- oder Zimtzucker

Zubereitung

■ Aus den angegebenen Zutaten einen Topfenteig zubereiten, zu einer Rolle formen und diese auf acht Portionen aufteilen. Teigstücke leicht andrücken. Marillen in die Mitte setzen, Knödel formen und diese ca. 10 Minuten in sprudelndem Salzwasser kochen. Knödel herausheben, abtropfen lassen.

■ In einer Pfanne ausreichend Butter zerlassen, Semmelbrösel darin kurz anrösten, aber nicht zu dunkel werden lassen. Knödel einlegen, unter Schütteln der Pfanne darin schwenken und mit Staub- oder Zimtzucker bestreut servieren.

Tipp:
Nach demselben Rezept lassen sich auch Zwetschkenknödel zubereiten. Wenn die Früchte zu sauer sind, so steckt man vor dem Füllen statt der Kerne ein Stückchen Würfelzucker oder Marzipan hinein.

Salzburger Nockerl

Die ungekrönte Königin der süßen Aufläufe

Zutaten

125 ml Milch
1 EL Butter
1 Päckchen Vanillezucker
6 Eiklar
1 Prise Salz
3 EL Kristallzucker
3 Eidotter
etwas geriebene
Zitronenschale
2 EL glattes Mehl
Butter für die Form
Staubzucker zum Bestreuen

Zubereitung

■ In einer kleinen Kasserolle Milch gemeinsam mit Butter und der Hälfte des Vanillezuckers langsam auf kleinster Hitze erwärmen. Währenddessen Eiklar mit einer Prise Salz steifschlagen, Kristallzucker langsam einrieseln lassen und Eiklarmasse zu wirklich steifem Schnee ausschlagen. Eidotter mit Zitronenschale und restlichem Vanillezucker gut verrühren und abwechselnd mit dem gut gesiebten Mehl vorsichtig unter die Eiklarmasse mengen. ■ Eine passende flache Form gut mit zimmerwarmer Butter ausstreichen, die erwärmte Milch eingießen, sodass der Boden gerade bedeckt ist, und nun die Masse vorsichtig mit einer Teigkarte in Form von großen, pyramidenförmigen Nocken hineinsetzen. Nockerl im auf 200 °C vorgeheizten Backrohr etwa 8–10 Minuten unter Beobachtung goldgelb backen (die Spitzen sollten gerade leicht angebräunt sein). Nockerl herausnehmen, gut mit Staubzucker bestreuen und in der Form sofort servieren, da sie rasch zusammenfallen.

Tipp:
Möchte man die Salzburger Nockerl als kleine Zwischenmahlzeit servieren, so empfiehlt sich dazu ein fruchtiges Kompott; aber auch frische Himbeeren oder Erdbeeren eignen sich als passende Beilage.

Mostschober mit Mostschaum

Der süße Klassiker aus dem niederösterreichischen Mostviertel

Zutaten

Für den Schober:

4 Eier
150 g Kristallzucker
100 g Semmelbrösel
Butter und Semmelbrösel
für die Form

Für den Mostschaum:

500 ml Most
2 Eidotter
150 g Staubzucker
40 g Maisstärke
jeweils eine Msp.
gemahlener Ingwer
Piment und Zimt

Zubereitung

■ Eidotter und Eiklar trennen. Eidotter und Zucker schaumig rühren. Eiklar mit einer Prise Zucker zu steifem Schnee schlagen und mit den Semmelbröseln vorsichtig unter die Eidotter-Zucker-Masse heben. In eine zuvor befettete und mit Bröseln bestreute Form (bzw. 4 ebenso behandelte Förmchen) füllen. Den Schober im vorgeheizten Backrohr bei 180 °C goldgelb backen, bis man ihn mit einer Nadel anstechen kann, ohne dass daran Teig hängen bleibt. ■ In der Zwischenzeit den Most mit Eidottern, Staubzucker, Maisstärke und den Gewürzen über heißem Dunst schaumig schlagen und gemeinsam mit dem noch warmen Mostschober servieren.

Mohr im Hemd

Eine klassische Alt-Wiener Mehlspeis, die trotz ihres „politisch unkorrekten" Namens nichts an Beliebtheit eingebüßt hat

Zutaten
für 8–10 Portionen
125 g Butter
125 g Zucker
8 Eidotter
60 g Kochschokolade
8 Eiklar
1 Prise Salz
100 g Semmelbrösel
125 g geriebene Nüsse
Butter für die Förmchen

Für die Schokosauce:
1 Tafel Kochschokolade
2 EL Kaffeelikör
200 ml Schlagobers

geschlagenes Obers
zum Garnieren

Zubereitung
■ Butter, Zucker und Eidotter schaumig rühren. Schokolade im Wasserbad langsam erweichen und in die Masse einrühren. Das Eiklar mit einer Prise Salz zu Schnee schlagen und gemeinsam mit Semmelbröseln und den geriebenen Nüssen unter die Masse heben. Masse in ausgebutterte Förmchen verteilen und im auf 200 °C vorgeheizten Backrohr im Wasserbad ca. 30 Minuten langsam backen.
■ Für die Sauce Schokolade, Likör und Schlagobers vorsichtig erhitzen und schön cremig rühren. ■ Die fertigen „Mohren" jeweils auf einen Teller stürzen, mit der Sauce überziehen und mit steifgeschlagenem Obers garnieren. Rasch auftragen.

Ofenkatze

Ein Rezept aus Vorarlberg

Zutaten

30 g Germ
3 EL Zucker
100–150 ml Milch
400 g Mehl
3–4 EL Butter
1 Ei
2 Eidotter
Zitronenschale
Vanillezucker
150 g gemischtes Dörrobst,
in Rum getränkt
50 g Nüsse
Butter für die Form

Zubereitung

■ Zunächst aus Germ, 1 EL Zucker, lauwarmer Milch und wenig Mehl ein Dampfl herstellen und dieses zugedeckt an einem warmen Ort rasten lassen. Butter mit restlichem Zucker schaumig schlagen, Ei und Eidotter einrühren sowie mit geriebener Zitronenschale und Vanillezucker aromatisieren. Nun Mehl mit dem Dampfl sowie der Eiermasse zu einem geschmeidigen Teig verarbeiten und abermals an einem warmen Ort zugedeckt aufgehen lassen. ■ Währenddessen das in Rum getränkte Dörrobst sowie die Nüsse klein hacken. Sobald der Teig genügend aufgegangen ist, mit Nüssen und Dörrobst vermengen, in eine gut ausgebutterte Form füllen und nochmals aufgehen lassen. Backrohr auf 180 °C vorheizen, Teig gut mit flüssiger Butter bestreichen und je nach Größe der Form 30–45 Minuten goldgelb backen.

Tipp:
Das Dörrobst kann auch durch beliebiges Frischobst ersetzt werden.

Apfelkuchen

Ein Rezept aus dem oststeirischen Joglland, das für seinen Apfel-
reichtum und seine Apfelstraße bekannt ist. Der seltsame Name
Joglland geht auf Kaiserin Maria Theresia zurück, die sich bei einer
Inspektionsreise darüber wunderte, dass fast alle Männer, die sie
nach deren Namen fragte, mit „I bin da Jogl" antworteten.

Zutaten

Für den Teig:

200 g Mehl

100 g Butter

30 g Staubzucker

2 Eidotter

Für den Belag:

4 nicht zu saure Äpfel

2 EL Rosinen

2 Gewürznelken

1 kleines Stückchen Zimtrinde

100 g Kristallzucker

2 EL Zitronensaft

Zum Überbacken:

3 Eiklar

2 EL Zucker

Zubereitung

■ Zuerst aus Mehl, Butter, Zucker und Eidottern einen geschmeidigen Teig kneten, diesen in Alufolie einschlagen und etwa ½ Stunde im Kühlschrank rasten lassen. ■ Inzwischen die geschälten, entkernten und in Scheiben geschnittenen Äpfel mit den angegebenen Zutaten (und notfalls etwas Wasser) zu einem sämigen Mus verkochen. Nelken und Zimt entfernen. ■ Das Backrohr auf 220 °C vorheizen. Den Teig auf einem Blech auswalken und ca. 5 Minuten hellblond vorbacken. Das heiße Mus gleichmäßig auf den Teig streichen. Zucker und Eiklar zu Schnee verschlagen, den Kuchen damit überziehen und im Rohr fertig backen, bis der Eischnee eine goldbraune Farbe angenommen hat.

Tipp:
Wenn Sie unter die Apfelmasse vor dem Überziehen mit Eischnee noch zwei
Esslöffel stiftelig geschnittene Mandeln mischen, wird der Kuchen noch feiner.

Kalte Desserts

St. Laurent-Gugelhupf mit Süßweinschaum

Ein Rezept aus dem burgenländischen Seewinkel

Zutaten

3 EL Rosinen
125 ml St. Laurent (oder ein anderer kräftiger Rotwein)
300 g Butter
300 g Zucker
1 Päckchen Vanillezucker
3 Eier
4 Eidotter
1 Msp. Zimt
1 KL Kakao
150 g Kochschokolade
250 g Mehl
1 Päckchen Backpulver
4 Eiklar
etwas Kristallzucker
Butter für die Form

Für den Süßweinschaum:

150 ml roter oder weißer Süßwein (Auslese, Ausbruch, oder Beerenauslese)
6 Eidotter
50 g Staubzucker
4 cl Weinbrand
1 Prise Zimtpulver
etwas geriebene Zitronenschale

Zubereitung

■ Die Rosinen über Nacht in Rotwein einweichen. Butter mit Zucker und Vanillezucker schaumig rühren. Eier mit den Eidottern versprudeln und unter die Masse rühren. Zimt, Kakao und im Wasserbad geschmolzene Schokolade untermengen. Rotwein mit Rosinen dazugießen und zuletzt das mit Backpulver vermischte Mehl darübersieben, alles gut miteinander zu einem geschmeidigen Kuchenteig verrühren. Eiklar mit etwas Kristallzucker zu sehr steifem Schnee schlagen und vorsichtig unter den Teig heben. ■ Eine Gugelhupfform mit Butter gut ausstreichen und die Masse im auf 170 °C vorgeheizten Rohr gut 1 Stunde lang backen und auskühlen lassen. ■ Für den Weinschaum den Süßwein gemeinsam mit Eidottern, Zucker, Weinbrand, Zimt und Zitronenschale über heißem Dampf oder im Wasserbad schaumig schlagen, bis er fast steif, aber noch ein bisschen sämig ist. Den Weinschaum möglichst noch in heißem Zustand entweder in einer Schale zu den Gugelhupfstücken servieren oder diese damit übergießen.

Faschingskrapfen

Das klassische Faschings- und Ballgebäck aus dem alten Wien

Zutaten

20 g Germ
30 g Zucker
150 g glattes Mehl
150 g griffiges Mehl
125 ml Milch
60 g Butter
Salz
5 Eidotter
1 EL Weinbrand
etwas geriebene
Zitronenschale
Mehl für die Arbeitsfläche
150 g Marillenmarmelade
2 cl Marillenschnaps
reichlich Schweine- oder
Butterschmalz zum Ausbacken
Staubzucker zum Bestreuen

Zubereitung

■ In einem warmen Raum ohne Zugluft ein Dampfl herstellen und dafür Germ mit 1 KL Zucker, 2 KL Mehl und 3 KL lauwarmer Milch glattrühren, etwas Mehl darüberstreuen und zugedeckt aufgehen lassen, bis an der Oberfläche Risse entstehen. Danach die restliche Milch mit Zucker und Butter erwärmen. Das gesiebte Mehl in eine Schüssel geben, leicht salzen, das Dampfl sowie das Milch-Zucker-Butter-Gemisch, Eidotter, Weinbrand und geriebene Zitronenschale hinzufügen und alles gut miteinander vermischen. Nun den Teig mit einem Kochlöffel (oder in der Küchenmaschine) so lange schlagen, bis er seidig und glatt ist und sich leicht vom Kochlöffel löst. Teig mit etwas Mehl bestäuben, mit einem Tuch zudecken und an einem warmen Ort ca. ½ Stunde aufgehen lassen. ■ Teig nochmals durchkneten und auf einem bemehlten Brett etwa 1 cm dick ausrollen. Mit einem runden Ausstecher von ca. 6–7 cm Durchmesser kreisförmige Scheiben ausstechen. In die Mitte davon mit einem Kaffeelöffel ein Häufchen der mit Marillenschnaps verrührten Marillenmarmelade setzen, die zweite Scheibe darauflegen und die Ränder gut festdrücken. Mit dem Ausstecher nochmals nachstechen, damit die Krapfen schön gleichmäßig rund werden. (Die Krapfen können auch zuerst ungefüllt ausgebacken und anschließend mithilfe eines Dressiersacks mit Marmelade gefüllt werden.) ■ Krapfen auf ein bemehltes Tuch legen und zugedeckt weitere 15 Minuten aufgehen lassen. Inzwischen in einer hohen Kasserolle reichlich Schmalz erhitzen. Krapfen mit der Oberseite nach unten einlegen und zugedeckt backen (Vorsicht: Fett wird schnell überhitzt!). Nach 3 Minuten Krapfen mithilfe eines Bratenwenders umdrehen und weitere 3 Minuten, nun nicht mehr zugedeckt, fertig backen. Krapfen aus dem Fett heben, auf Küchenkrepp abtropfen lassen und mit gesiebtem Staubzucker bestreuen.

Marillen-Trauben-Strudel

Ein niederösterreichisches Rezept aus der Wachau

Zutaten

2 Eier
50 g Zucker
1 Päckchen Vanillezucker
1 Prise Zimt
20 g Mehl
20 g Puddingpulver
2 EL geriebene Nüsse
1 Pkg. fertiger Strudelteig
50 g Butter
400 g entkernte und in
Stücke geschnittene frische
Marillen (ersatzweise
Kompottfrüchte)
400 g kernlose und
wenn möglich geschälte
Speiseweintrauben
Schlagobers zum Garnieren

Zubereitung

■ Eier trennen. Eidotter mit Zucker, Vanillezucker und Zimt schaumig rühren. Eiklar steifschlagen und zunächst mit Mehl, Puddingpulver und Nüssen vermischen, bevor man den Schnee vorsichtig unter die Dottermasse hebt. ■ Den Strudelteig ausbreiten, mit geschmolzener Butter gut bestreichen und die Fülle auf etwa zwei Drittel des Teiges auftragen. Marillenstücke und Weintrauben gleichmäßig darauf verteilen. Den Strudel behutsam zusammenrollen und mit der Klappnaht nach unten auf ein gut ausgebuttertes oder mit Backpapier ausgelegtes Backblech legen. ■ Strudel mit flüssiger Butter reichlich bestreichen und im auf 180 °C vorgeheizten Backrohr etwa 30 Minuten lang goldbraun backen. Auskühlen lassen und mit frisch geschlagenem Obers servieren.

Marillenland Wachau

Der Marillenbaum ist im Donauraum schon seit der Römerzeit verbreitet. Die Marillenblüte Anfang April begeistert Jahr für Jahr Tausende von Gästen. Die saftige Steinfrucht steht auch im Mittelpunkt des berühmten Marillenkirtags in Spitz, der alljährlich am letzten Juliwochenende von Freitag bis Sonntag abgehalten wird. Hier kann man auch die zahlreichen Marillen-Spezialitäten verkosten, zu denen nicht nur Marillenknödel, Marillenstrudel & Co., sondern auch Marillenmarmelade und der köstliche Wachauer Marillenbrand zählen. |

Schirligum

Das Alt-Wiener Vanillekipferl nach einem köstlichen Rezept
der Innsbrucker Kochbuchautorin Marie von Rokitansky

Zutaten

280 g Mehl
140 g Butter
2 Eidotter
120 g abgezogene,
fein gewiegte (geriebene)
Mandeln
1 Msp. Salz
Vanille- und Staubzucker
zum Wälzen

Zubereitung

■ Mehl, zimmertemperierte Butter,
Eidotter, Mandeln und Salz rasch zu
einem nicht zu festen Teig verarbeiten
und daraus anschließend möglichst
kleine Kipferl formen. Diese auf ein
mit Backpapier ausgelegtes Kuchenblech setzen und bei etwa 200 °C im
vorgeheizten Backrohr 8–10 Minuten
sehr licht backen. ■ Danach die Vanillekipferl, solange sie noch warm und
weich sind, vorsichtig und mithilfe
von Messern, Löffeln oder Schäufel-
chen zunächst in einer Schüssel
mit Vanillezucker und dann in einer
Schüssel mit Staubzucker wälzen.
Erst, wenn die Schirligum ganz weiß
und erkaltet sind, darf man sie in die
Hand nehmen.

Nikolobrot

Eine Spezialität aus Bad Gastein im Salzburger Pongau

Zutaten

220 g Zucker
1 Ei
4 Eidotter
Schale von 1 Zitrone
1 Msp. Salz
270 g Mehl
8 EL Ribisel- oder
Himbeermarmelade
1 verquirltes Ei
zum Bestreichen

Zubereitung

■ Zucker mit Eidottern und Ei schaumig rühren. Die Zitronenschale fein reiben und mit Salz sowie dem Mehl zu den Eidottern geben. Die Masse gut durchkneten, bis ein kompakter Teig daraus entsteht, diesen etwa 1 cm dick auswalken und ausgiebig mit roter Marmelade bestreichen. Zu einer Roulade einrollen, diese auf ein Stück Backpapier setzen, mit dem verquirlten Ei bestreichen und im vorgeheizten Backrohr bei etwa 180 °C langsam goldbraun backen.

Apfelmus

Ein Rezept von der oststeirischen Apfelstraße

Zutaten

1 kg Äpfel (am besten mürbe)
Saft von 1 Zitrone
ca. 150 ml Wasser
150 ml halbsüßer Weißwein
150 g Kristallzucker
1–2 EL Rosinen
Gewürznelken
Zimtrinde
nach Belieben Apfelschnaps
und Vanillezucker

Zubereitung

■ Äpfel waschen, schälen und das Gehäuse entfernen. In Spalten schneiden, diese in eine passende Schüssel legen und mit Zitronensaft übergießen. In einem Topf das Wasser gemeinsam mit dem Weißwein, Zucker, Rosinen, Gewürznelken und Zimtrinde aufkochen und kurz ziehen lassen. Nun die Äpfel einmengen, weichkochen und passieren. Das passierte Mus nach Belieben noch mit etwas Apfelschnaps und Vanillezucker verfeinern.

Die Küche der österreichischen Regionen

Kroatzbeerschaumschnitten

Ein Rezept aus der Obersteiermark

Zutaten
für 6 Portionen

180 g Mehl
120 g Butter
60 g Zucker
1 Prise Salz
2 Eidotter
300 g Kroatzbeeren
(Brombeeren)
3 Eiklar
150 g Zucker

Zubereitung

■ Aus Mehl, Butter, Zucker, Salz und den Eidottern einen geschmeidigen Mürbteig kneten und diesen mindestens ½ Stunde im Kühlschrank rasten lassen. Den Teig danach auf 0,5 cm Dicke auswalken, auf ein Kuchenblech legen, mehrmals mit einer Gabel anstechen und im auf 180 °C vorgeheizten Backrohr so lange backen, dass die Oberfläche gerade noch hellblond ist.

■ Inzwischen die Eiklar steifschlagen und den Zucker unterrühren. Die Kroatzbeeren unter die Masse heben und diese gleichmäßig auf den Mürbteigboden streichen. Bei 200 °C weiterbacken, bis sich der Eischnee goldbraun verfärbt. Den Kuchen in noch warmem Zustand in Stücke schneiden und lauwarm servieren.

Rhabarberkuchen

Ein Rezept aus dem burgenländischen Seewinkel

Zutaten

für 1 kleine Kuchen-
oder Tortenform
250 g Mehl
1 Prise Salz
125 g Butter
1 Ei
50 g Zucker
1 Schuss Rum
etwas Wasser
300 g Rhabarber,
kleinfingerdick geschnitten
1 EL Kristallzucker
1–2 EL Zimtzucker
3 Eiklar
40 g Vanillezucker
1–2 EL Mandelsplitter
Butter für die Form

Zubereitung

■ Aus Mehl, Salz und Butter einen Mürbteig abbröseln und mit Ei, Zucker, Rum und notfalls auch etwas Wasser zu einem glatten Teig kneten, diesen zu einer Kugel formen. Die Kugel in ein Tuch schlagen und 2–3 Stunden an einem kühlen Ort rasten lassen. Die Teigkugel danach auswalken und damit Rand und Boden einer befetteten Tortenform auskleiden. Mit einer Gabel Löcher in den Teig stechen, etwas Kristallzucker daraufstreuen und den Teig im auf 180 °C vorgeheizten Rohr 6 Minuten lang vorbacken. ■ Erst danach die Rhabarberstücke darauflegen, mit Zimtzucker bestreuen und – bei etwas reduzierter Hitze – erneut ins Rohr schieben und so lange backen, bis der Rhabarber weich geworden ist. ■ Inzwischen Eiklar mit Vanillezucker zu steifem Schnee schlagen, den Kuchen damit bedecken, mit Mandelsplittern bestreuen und so lange weiterbacken, bis sich an der Oberfläche eine zartgelbliche Windmassenschicht gebildet hat. Kuchen aus dem Rohr nehmen und noch lauwarm oder kalt servieren.

Zwetschkenfleck

Der „Fleck" existiert nicht nur in der steirischen Suppenküche, sondern auch in der böhmisch-österreichischen Mehlspeisküche. Dort zählen Zwetschken- und Marillenfleck zu den beliebtesten Begleitern der samstagnachmittäglichen Kaffeejause.

Zutaten

1 kg Zwetschken
80 g Zucker
10 g Zimtpulver
1 Prise Nelkenpulver

Für den Germteig:

250 g Mehl
15 g Germ
40 g Zucker
100 ml Milch
80 g Butter
1 Eidotter
Salz
abgeriebene Schale
von ½ Zitrone
Butter für das Backblech
Staubzucker zum Bestreuen

Zubereitung

■ Aus den angegebenen Zutaten einen Germteig bereiten, gut abschlagen und mindestens 20 Minuten an einem warmen Ort aufgehen lassen. Die Zwetschken entkernen, halbieren und mit einer Mischung aus Zucker, Zimt und Nelkenpulver bestreuen. ■ Teig auf ein gebuttertes oder mit Backpapier ausgelegtes Blech streichen. Halbierte Zwetschken darauf anordnen und weitere 30 Minuten aufgehen lassen. Danach im auf 200 °C vorgeheizten Rohr backen, bis der Teig schön goldgelb ist. Überkühlen lassen und vor dem Servieren mit Staubzucker bestreuen.

Tipp:
Dasselbe Rezept lässt sich auch mit Marillen zubereiten. Die Marillen brauchen aber weder Zimt noch Nelkenpulver, sondern nur etwas Zucker, um ihren Geschmack voll zu entwickeln.

Sachertorte

Auch wenn über das „Copyright" am – obendrein im Hotelsafe geheim gehaltenen – Original dieser Torte jahrelang prozessiert wurde, so ist die vom Kücheneleven des Fürsten Metternichs „erfundene" Schokoladentorte mit Marillenmarmelade und dicker Schokoglasur doch längst Allgemeingut der Wiener Mehlspeisküche geworden.

Zutaten
für 12 Portionen

6 Eier
130 g Butter
110 g Staubzucker
130 g Bitterschokolade
1 Päckchen Vanillezucker
110 g Kristallzucker
130 g Mehl
Butter und Mehl für die Form
8 EL Marillenmarmelade
2 Becher Schokoladeglasur

Tipp:
Zur Sachertorte gehört, wenn man sie klassisch servieren will, unbedingt ein „Gupf" Schlagobers.

Zubereitung

■ Eier in Eiklar und Dotter trennen, Butter Raumtemperatur annehmen lassen. In einer Schüssel Butter mit Staubzucker schaumig rühren und Eidotter sowie Vanillezucker einrühren. Schokolade in einem Wasserbad schmelzen, aber keinesfalls zu heiß werden lassen, und ebenfalls in den Abtrieb einmengen. Eiklar schlagen, mit Kristallzucker steif ausschlagen und vorsichtig unter die übrige Masse heben. Zuletzt das Mehl behutsam einrühren. ■ Eine Tortenspringform gut mit Butter ausstreichen und mit Mehl bestauben, Tortenteig einfüllen und im auf 180 °C vorgeheizten Backrohr etwa 1 Stunde lang backen. Torte erkalten lassen, horizontal halbieren. Die beiden Tortenhälften mit passierter, leicht erwärmter Marmelade hauchdünn bestreichen, Tortenböden wieder zusammensetzen und auch an der Außenseite bestreichen, anschließend mit Schokoladeglasur überziehen.

Malakofftorte

Ein multikulturelles Dessert: Die von der „galizischen Creme"
abgeleitete Wiener Variation des venezianischen Tiramisu ist nach
der Schlacht bei Malakoff im Krimkrieg benannt, nach der sie –
der Legende nach – für einen französischen General erstmals
gebacken worden sein soll.

Zutaten

180 g Butter
200 g Staubzucker
4 Eidotter
180 g geschälte,
geriebene Mandeln
150 ml Schlagobers
ca. 50 Biskotten
Milch zum Einweichen
Rum

Für die Garnitur:

250 ml Schlagobers
Mandelsplitter
Biskotten
Cocktailkirschen

Zubereitung

■ Butter vor der Verwendung leicht
anwärmen, in einer Schüssel schaumig
rühren, Zucker sowie Eidotter dazugeben. Geriebene Mandeln einrühren,
Schlagobers zugießen und die Masse
cremig rühren. ■ Eine Springform be-
reitstellen, die Biskotten nacheinander
in mit etwas Rum vermengter Milch
kurz wenden und den Boden der Form
damit auslegen. Den Rand der Form
ebenfalls mit halbierten, getränkten
Biskotten auskleiden. Danach die erste
Lage Biskotten mit etwas Creme bestreichen, wiederum mit getränkten
Biskotten belegen und diesen Vorgang
so lange wiederholen, bis die Creme
verbraucht ist. Mit einer Lage Biskotten
abschließen. ■ Torte mit Klarsichtfolie abdecken und kühl mindestens
5 Stunden ziehen lassen. Danach vorsichtig aus der Springform lösen.
Schlagobers steifschlagen und die
Torte rundum damit bestreichen. Tor-
tenrand mit Mandelsplittern bestreuen
und die Oberfläche mit Schlagobers-
rosetten, halbierten Biskotten und
Cocktailkirschen garnieren.

Kapuzinertorte

Ein Apfeltortenrezept aus dem fürsterzbischöflichen Salzburg

Zutaten

300 g Mehl
180 g Butter
3 Eidotter
180 g Staubzucker
Schale von ½ ungespritzten
Zitrone
1–2 EL Rum
1 EL Backpulver

Für die Fülle:

Ribiselmarmelade zum
Bestreichen
2–3 mürbe Äpfel
100 g stiftelig geschnittene
Mandeln
50 g Kristallzucker
Butterflocken zum Belegen
Staubzucker zum Bestreuen

Zubereitung

■ Aus den Teigzutaten auf einer Arbeitsfläche rasch einen geschmeidigen Mürbteig kneten und diesen etwas kühl rasten lassen. ■ Währenddessen die Äpfel entweder mit der Schale grob raspeln oder, nachdem sie geschält und entkernt wurden, in Scheiben schneiden. ■ Den Mürbteig nun auf die Größe einer Springform ausrollen, die Tortenform damit auslegen und den Teig mit Ribiselmarmelade bestreichen. Anschließend die Apfelscheiben bzw. -raspeln auf den Teig geben, mit Kristallzucker und Mandelsplittern bestreuen und mit einigen Butterflocken belegen. Das Backrohr auf 180 °C vorheizen, die Apfeltorte darin gut ½ Stunde backen und dann auskühlen lassen. Ist die Torte gänzlich erkaltet, üppig mit Staubzucker bestreuen.

Käschtentorte

Ein Maronitorten-Rezept aus Südtirol

Zutaten

300 g Kristallzucker
6 Eier
Salz
1 Päckchen Vanillezucker
600 g gekochte und passierte
Kastanien (ersatzweise
Maronireis)
Butter zum Ausstreichen
der Form
350 ml Schlagobers
50 g gekochte und geriebene
Kastanien für die Garnitur
12 im Fachhandel erhältliche
gekochte, glacierte Kastanien
zur Verzierung

Zubereitung

■ Die Eier trennen. Zucker und Eidotter am besten mit der Hand mindestens 20 Minuten schaumig rühren.
Das Eiklar mit einer kleinen Prise Salz
zu Schnee schlagen und davon zunächst einen Löffel unter die Dottermasse mischen, dann die passierten
Kastanien, den Vanillezucker und
zuletzt den restlichen Eischnee vorsichtig unterheben. ■ Die Masse in
eine gut ausgebutterte Springform
füllen und im vorgeheizten Rohr bei
170 °C etwa 45 Minuten lang backen.
Die Torte auskühlen lassen, in der
Mitte durchschneiden, mit steifgeschlagenem Obers füllen und rundum
ebenfalls mit Schlagobers überziehen.
Obenauf mit gekochten und geriebenen Kastanien bestreuen sowie zwölf
glacierte Kastanien als Verzierung
draufsetzen.

Apfel-Birnen-Kompott

Ein Rezept aus Vorarlberg

Zutaten

2–3 Äpfel
2–3 Birnen
Zitronensaft
250 ml Apfelsaft
2–3 EL Zucker
1 Vanillestange
einige Gewürznelken
1 TL Maisstärke
1 EL in Obstler getränkte
Rosinen

Zubereitung

■ Äpfel und Birnen schälen, entkernen, in Spalten schneiden und sofort mit Zitronensaft beträufeln. Den Apfelsaft mit Zucker, Vanille und Gewürznelken kurz aufkochen, Obstspalten zugeben und bei mäßiger Hitze gerade so lange dünsten, dass das Obst noch bissfest ist. ■ Mit wenig Wasser angerührte Stärke zugeben und den Saft damit binden. Kompott im Saft abkühlen lassen. Aus dem fertigen Kompott Nelken und Vanillestange entfernen und die getränkten Rosinen unter das Kompott mengen. Passt zu allen Arten von Schmarren und süßen Knödeln.

Versöhnungsstangerl

Ein besonders „harmonisches" Rezept aus
der Freistadt Rust im Burgenland

Zutaten

125 ml Milch
4 EL Honig
250 g geriebene Walnüsse
50 g Biskuitbrösel
2 EL Rum
1 Msp. Zimt
geriebene Schale
von ½ Zitrone
2 Pkg. Blätterteig
Schweineschmalz
zum Bestreichen
Staubzucker
zum Bestreuen

Zubereitung

■ Für die Nussfülle zunächst Milch und Honig bis knapp an den Siedepunkt erhitzen, Nüsse darunterrühren und alles kurz aufkochen. Topf sofort von der Herdplatte nehmen, damit sich nichts ansetzt. Biskuitbrösel, Rum, Zimt sowie Zitronenschale einrühren. ■ Den Blätterteig ausbreiten, mit etwas flüssigem Schweineschmalz bestreichen und in gleichmäßige Dreiecke von ca. 12–15 cm Kantenlänge schneiden. Die Fülle in der Teigmitte auftragen und die Teigstücke wie Salzstangerl einrollen. Die Stangen abermals mit etwas flüssigem Schweineschmalz bepinseln und im vorgeheizten Backrohr bei 180 °C goldbraun backen. Mit Staubzucker bestreuen und entweder noch lauwarm oder auch kalt zu einem Gläschen burgenländischen Süßwein servieren.

Kürbiskernparfait

Ein Rezept aus der Südoststeiermark

Zutaten

2 Eier
1 Eidotter
3 EL Honig
300 ml Schlagobers
5 EL Kürbiskerne
1 kräftiger Schuss Mandellikör
Schlagobers und gehackte
Kürbiskerne zum Garnieren

Zubereitung

■ Kleine Portionsförmchen im Tiefkühlfach gut vorkühlen. Eier und Dotter gemeinsam mit dem Honig in einer Schüssel über heißem Wasserdampf so lange schlagen, bis die Masse schaumig wird. Schlagobers gesondert steifschlagen, Kürbiskerne in einem Mörser fein zerstoßen und beides mit dem Mandellikör unter die Eiermasse rühren. Die fertige Masse dann in die vorgekühlten Förmchen einfüllen und für mindestens 4 Stunden tiefkühlen. ■ Vor dem Servieren die Förmchen kurz in heißes Wasser halten und anschließend stürzen. Parfaits jeweils mit etwas geschlagenem Obers und gehackten Kürbiskernen garnieren.

Schokoguetsle

Ein Rezept aus Vorarlberg

Zutaten

3 Eier
3 EL Semmelbrösel
2 cl Rum
5 EL Zucker
100 g Mandeln
100 g geriebene Schokolade

Zubereitung

■ Die Eier trennen, die Semmelbrösel mit Rum tränken. Das Eiklar zu Schnee schlagen. Schnee mit Zucker, Mandeln, Schokolade, getränkten Semmelbröseln sowie den versprudelten Eidottern zu einer kompakten Masse verrühren. ■ Backblech mit Backpapier auslegen. Mit zwei Löffeln kleine Häufchen daraufsetzen und im vorgeheizten Backrohr bei 160 °C etwa 15 Minuten backen. Überkühlen lassen und in kleine Papiermanschetten setzen.

Hollersekt

Ein Rezept aus Oberösterreich

Zutaten

10 l Wasser
3 Zitronen in Scheiben
1 kg Zucker
125 ml Weinessig
ca. 5 große, möglichst
am Morgen geerntete
Holunderblüten

Zubereitung

■ Alle Zutaten in ein geeignetes Gefäß (z.B. einen sauberen Plastikkübel) geben, mit einem Tuch zudecken, einen Tag und eine Nacht stehen lassen, abseihen, in Flaschen abfüllen und vor dem Konsum mindestens zwei bis drei Wochen sehr gut verschlossen gären lassen. Am besten eignen sich dazu Bierflaschen mit Bügelverschluss, Drehverschlüsse sind weniger geeignet.

Maibowle

Ein Rezept aus dem Kärntner Lavanttal

Zutaten

1,5 l Lavanttaler Apfelmost
1 Gewürzsträußchen aus
Nelken, Zimtstange etc.
1 Bund noch nicht blühender
Waldmeister
1 Flasche Mostsekt
oder Fruchtschaumwein
Zucker nach Belieben

Zubereitung

■ Die Hälfte des Apfelmosts in ein Bowlegefäß gießen. Das Gewürzsträußchen in ein Leinensäckchen einbinden und dazugeben, den Waldmeister an einem Bindfaden hineinhängen und dabei darauf achten, dass die (giftigen) Stiele immer noch herausragen. 15 Minuten kalt ziehen lassen.
■ Anschließend das Gewürzsträußchen herausnehmen, den restlichen Apfelmost dazugießen, nach Geschmack zuckern und gut umrühren. Vor dem Servieren mit Mostsekt oder Schaumwein aufgießen.

Tipp:
Man kann diese Bowle auch mit Pfirsichen,
Marillen oder Erdbeeren verfeinern.

Nusserner

Ein Digestifrezept aus dem Tiroler Außerfern

Zutaten

600–700 g grüne Nüsse
(bis spätestens Ende Juni
geerntete junge Nüsse)
1 l hochprozentiger
Branntwein oder Schnaps
Gewürznelken
Zimtrinde
geriebene Muskatnuss
geriebene Schale einer
Orange
600–800 g Kristallzucker
750 ml Wasser

Zubereitung

■ Die grünen Nüsse in grobe Stücke zerteilen. In einer großen Flasche oder in einem Glas sämtliche Aromastoffe (ohne Zucker) mit dem Branntwein übergießen und mit den Nüssen vermengen. Nun die Flasche oder das Glas sehr gut verkorken bzw. verschließen und etwa 4–8 Wochen an einem warmen Platz, beispielsweise in einem Fenster mit Sonneneinstrahlung, stehen lassen. ■ Dann den Alkohol abseihen, den Kristallzucker mit Wasser aufkochen und beide Flüssigkeiten vermischen. Den Nusslikör in kleinere, gut verschließbare Fläschchen abfüllen.

Glossar

abschmalzen – mit heißem Schmalz oder Fett übergießen

Abtrieb – mit diversen Zutaten wie Mehl und Eiern schaumig gerührte Butter

Alt-Wiener Rindfleischteilung – weltweit einzige Schnitttechnik für Siedefleisch vom Rind (z.B. Tafelspitz, Kruspelspitz, Fledermaus etc.)

angrammeln – auslassen

Ausbruch – vor allem in Rust gebräuchliche burgenländische Süßweinspezialität

bähen – im Backrohr kurz aufbacken

Barack – ungarischer Marillen- bzw. Aprikosenschnaps

Beinfleisch – besonders saftiges Stück Rindfleisch, stammt übrigens trotz seines Namens nicht vom Bein, sondern aus dem Vorderviertel des Rinds

Beiried – ausgelöstes, im Ganzen belassenes oder in Scheiben geschnittenes Rindsrippenstück

Bertram – Estragon

Beugerl, Biegel – Hühnerkeule

Beuschel – Innereienragout aus Lunge und Herz, in erster Linie vom Kalb

Bire – Birnen (vbg.)

Biskotten – Löffelbiskuit

blanchieren – überbrühen

Blunzen – Blutwurst

Borretsch – Gurkenkraut

Brein – Rollgerste; enthülstes, zerstoßenes und gekochtes Getreide, nicht zu verwechseln mit Brei

Brillenschaf – autochthone Kärntner Schafrasse mit Fleisch ohne Lammgeruch, dafür aber mit leichtem Wildgeschmack

Brimsen – Schafstopfen

Bröseltopfen – Hüttenkäse

Bummerlsalat – Eisbergsalat

Buri – Lauch, Porree (bgld.)

Crème fraîche – Schmand

Dampfl – Vorteig für die Zubereitung eines Germ- bzw. Hefeteiges

Dariolformen – kleine Portionsförmchen

Debreziner – stark paprizierte Brühwurst ungarischen Ursprungs

Dempfleisch – Schmorbraten

diegenes Fleisch – Selchfleisch (vbg.)

dünsten – schmoren

Egli – Barsch (vbg.)

Eierschwammerl – Pfifferlinge

Einbrenn, Einmach – Mehlschwitze

Erdäpfel – Kartoffeln

Faschiertes – Hackfleisch

Fisolen – grüne Bohnen

Flotte Lotte – Passiersieb

Frankfurter – in Wien geläufiger Name für „Wiener Würstchen"

Frittaten – Suppeneinlage aus in Streifen geschnittenen Pfannkuchen

Furmint – autochthone ungarisch-burgenländische Rebsorte

G'spritzter – Wein mit Mineral- oder Sodawasser verdünnt

Gailtaler Almkäse – gesamteuropäisch geschützte Ursprungsbezeichnung für Kuhmilch-Almkäse mit leichtem Ziegenmilchanteil

Gänseklein – Gänsejunges (Innereien, Hals, Flügelspitzen etc.)

Germ – Hefe

Gerstl – Rollgerste

Geselchtes – Rauchfleisch

Goaßkas – Ziegenkäse

Granten – Preiselbeeren

Graukäse, Graukas – gereifter Tiroler Sauermilchkäse

Greane Hunte – Tiroler Spinatspatzeln

Groipen – Grammeln, Grieben (tir.)

Grumpera, Grumbirn, Krummbirn – Erdäpfel

Hammerfleisch – Schweinsrohschinken (bgld.)

Häß – Panier (vbg. – eigentlich für „Kleidung")

Häuptel – Kopf (z.B. Salatkopf, Krautkopf)
Heiden- oder Hoadnmehl, Had'n – Buchweizenmehl
Hendl, Henderl – Huhn, Hähnchen
Hetschepetsch – Hagebutte
Heurige – junge Erdäpfel
Hieferscherzel – als besonders mürb geltendes Siedefleischstück vom Rind
Hoadelbeer – Heidelbeere, Blaubeere
Holder, Holler – Holunder

Kaiserfleisch – geselchter oder geräucherter Schweinebauch
Kaminwurzen – Tiroler Dauerwurst
Karfiol – Blumenkohl
Karkassen – nach dem Filetieren oder Auslösen übrig gebliebenes Gräten- oder Knochengerüst, das für die Zubereitung von Fisch- oder Fleischfonds verwendet wird
Kärntner Hauswurst – getrocknete Selchwurst
Karotte – Mohrrübe
Käschten, Kästn, Köschten – Maroni, Edelkastanien
Kavalierspitz – gut durchwachsenes Stück aus der Rindsschulter
Kipferl – Hörnchen
Kletzen, Kloatzen – Dörrbirnen
Klobasser – Brühwurst
Kohl – Wirsing
Kraut – Weißkohl
Kren – Meerrettich
Kriasi – Kirschen (vbg.)
Kroatzbeer – Brombeere
Kruspelspitz – Fleisch von der Rindsschulter
Krusteln – Croûtons
Kukuruz – der pannonische Name für Mais geht auf den Volksstamm der Kuruzzen zurück
Kuttelkraut – Thymian
Kutteln – Kaldaunen

Lauch – Porree
Lustock – Liebstöckel

Mageres Meisel – der vordere Schulterblattmuskel des Rinds, besonders fettarm

Magn – Mohn (nö.)
Maischelen – fein gehackte Innereien im Schweinsnetz (ktn.)
Marillen – vor allem für die Wachau typische Aprikosenart, die 1679 in Oberarnsdorf erstmals urkundliche Erwähnung fand
Marmelade – Konfitüre
Maroni – Edelkastanien
Mistkratzele – Stubenküken (vbg.)
montieren – eine Sauce oder Suppe binden
Morillon – steirischer Ausdruck für Chardonnay
Muas – Brei

Nocken, Nockerl – kleine Teigklößchen; Sammelbegriff für diverse Gerichte aus Nockerlteig, wie etwa in Schmalz gebackene, größere, pikante oder süße Nocken, aber auch kleine spätzleähnliche Nockerl; nichts mit Nockerlteig haben hingegen die berühmten Salzburger Nockerl zu tun, die ihren Namen lediglich der Form zu verdanken haben
Nudelwalker – Nudelholz

Obers – Sahne, Schlagsahne
Obstler – Obstschnaps
Omelett – Eierkuchen

Palatschinke – Pfannkuchen aus eher dünnflüssigem Teig
Panadel – Brot
Paradeiser – Tomate
Parüren – Abschnitte
Paunl – Bohnen (bgld.)
Plenten – Plentn – Polenta, Maisgrieß, auch „Türkensterz"
pochieren – garziehen lassen
Powidl – Pflaumenmus (böhm.)

Quendel – wilder Thymian

Radi – Rettich
Rähkäs – würziger Schnittkäse aus Vorarlberg
Rebhendl – Rebhuhn, Bekassine
Rein, Reindl – einfache Allzweck-Kasserolle
Ribisel – Johannisbeeren

Rostbraten – hohes Roastbeef, Hochrippe
Röster – Dunstobst, meist aus Zwetschken, Marillen oder Holunder
Rotkraut – Rotkohl

Sauerrahm – saure Sahne
Saumaisen, Saumoasen – geräuchertes Hackfleisch im Schweinsnetz
Schilcher – zwiebelfarbener, roséartiger Wein aus der Blauen Wildbacherrebe, wird fast ausschließlich in der Weststeiermark angebaut
Schill – Zander, Fogosch (ung. Fogas), Hechtbarsch
Schlagobers – süße Sahne
Schmalz – ausgelassenes Fett
Schmolle – Krume (das Innere einer Semmel oder eines Brotes)
Schneebesen – Schneerute
Schneidsemmeln – altbackene Brötchen
Schöpsernes – Fleisch vom männlichen Lamm (Hammel)
Schotten, Schott – Topfen
Schulterscherzel – kurzfaseriges und besonders saftiges Stück aus der Rinderschulter mit charakteristischem, quer verlaufendem und gallertartigem Kern
Schwammerl – Pilze
Schwarzbeer – Heidelbeere
Schwarzplenten – Buchweizen
Schweinsfischerl – Schweinsfilet oder -lungenbraten
Semmel – Brötchen
Staubzucker – Puderzucker
Stranggerl – grüne Bohnen (ktn.)
Surspeck – in Salzlake eingelegtes Schweinefleisch

Tafelspitz – der saftigste Teil des Rindsknöpfels (Rinderkeule) ist das berühmteste Wiener Siedefleischstück und wird grundsätzlich mit Fetteindeckung gekocht und serviert
Teilsames – geselchtes Schweinefleisch von Schulter und Schlegel in geteilten Stücken
Tirggalen – Mais, Maissterz (tir.)
Topfen – Quark

Trüsche – (auch: Quappe, Aalrutte) aalähnlicher Süßwasserfisch, der mit dem Aal aber nicht verwandt, sondern der einzige bekannte Süßwasserdorsch ist
Türken – Mais

Uhudler – südburgenländische Weinspezialität aus Direktträgerreben mit auffälligem Walderdbeerbukett
Umurken – Gurke (bgld.)
untergriffen – eine Kalbs- oder Schweinsbrust mit eingeschnittener taschenförmiger Öffnung, die dann gefüllt wird

Vernatsch – autochthone Südtiroler Rotweinrebe (Kalterersee, St. Magdalener)

Wadschunken – Fleisch von der Rinderwade
Waller – Wels
Weckerl – längliches Brötchen
Weinbeeren, Weinbeerln – Rosinen
Woaz – Mais
Wurzelwerk – Suppengemüse (Karotten, gelbe Rüben, Petersilienwurzel mit Grün, Sellerie)

Zander – Schill, Fogosch (ung. Fogas), Hechtbarsch
Zeller – Sellerie
Zicklein – Ziegenkitz
Ziger, Zieger – Molkenkäse
Zitzele – kleine Wiener (bzw. Frankfurter) Würstchen
Zwetschke – Zwetschge, Pflaume